KB197737

세상이 변해도
배움의 즐거움은
변함없도록

시대는 빠르게 변해도
배움의 즐거움은
변함없어야 하기에

어제의 비상은
남다른 교재부터
결이 다른 콘텐츠
전에 없던 교육 플랫폼까지

변함없는 혁신으로
교육 문화 환경의 새로운 전형을
실현해왔습니다.

비상은 오늘, 다시 한번
새로운 교육 문화 환경을 실현하기 위한
또 하나의 혁신을 시작합니다.

오늘의 내가 어제의 나를 초월하고
오늘의 교육이 어제의 교육을 초월하여
배움의 즐거움을 지속하는 혁신,

바로, 메타인지 기반 완전 학습을.

상상을 실현하는 교육 문화 기업 비상

메타인지 기반 완전 학습
초월을 뜻하는 meta와 생각을 뜻하는 인지가 결합한 메타인지는
자신이 알고 모르는 것을 스스로 구분하고 학습계획을 세우도록 하는
궁극의 학습 능력입니다. 비상의 메타인지 기반 완전 학습 시스템은
잠들어 있는 메타인지를 깨워 공부를 100% 내 것으로 만들도록 합니다.

I See!

Grammar

Grammar Book

| 진도용 **개념책** |

LEVEL 2

Study Plan

Grammar Book과 Practice Book을 동시에 학습!

• **Grammar Book**으로 하루에 두 개씩 문법을 학습하고 **Practice Book**으로 정리해요.

[50분 * 주 5회 = 3주 완성 / 50분 * 주 3회 = 5주 완성 / 50분 * 주 2회 = 7주 완성]

* 나의 학습 상황에 해당하는 부분을 체크해 보세요. 😣 에 체크한 문법은 다시 한번 복습해 보세요. (**GB**: Grammar Book / **PB**: Practice Book)

학습 일차	학습 Unit		학습 날짜	나의 학습 기록		어려운 문법 복습 학습 날짜
					😄 쉬워요! / 🙂 괜찮아요! / 😣 어려워요!	
1 일차		(Unit 0) **문장의 형식** p. 5	월 일	GB	✓	월 일
2 일차	(Unit 1) **일반동사의 현재시제** p. 8	**01** be동사와 일반동사	월 일	GB PB		월 일
		02 3인칭 단수 주어와 일반동사(규칙 변화)		GB PB		월 일
3 일차		**03** 3인칭 단수 주어와 일반동사(불규칙 변화)	월 일	GB PB		월 일
		Test		GB PB		월 일
4 일차	(Unit 2) **일반동사의 부정문과 의문문** p. 18	**04** 일반동사의 부정문	월 일	GB PB		월 일
		05 일반동사의 의문문		GB PB		월 일
5 일차		**06** 일반동사의 의문문에 대한 대답	월 일	GB PB		월 일
		Test		GB PB		월 일
6 일차	(Unit 3) **형용사** p. 32	**07** 형용사의 역할(한정적 용법)	월 일	GB PB		월 일
		08 다양한 형용사		GB PB		월 일
7 일차		**09** 형용사의 위치	월 일	GB PB		월 일
		10 형용사의 서술적 용법		GB PB		월 일
		Test		GB PB		월 일

학습 일차	학습 Unit		학습 날짜	나의 학습 기록				어려운 문법 복습 학습 날짜
8 일차	Unit 4 **부사** p. 44	**11** 부사의 쓰임	월 일	GB PB				월 일
		12 부사의 형태		GB PB				월 일
9 일차		**13** 주의해야 할 부사	월 일	GB PB				월 일
		14 빈도부사		GB PB				월 일
		Test		GB PB				월 일
10 일차	Unit 5 **조동사** p. 60	**15** can의 의미와 쓰임	월 일	GB PB				월 일
		16 may의 의미와 쓰임		GB PB				월 일
11 일차		**17** must, have to의 의미와 쓰임	월 일	GB PB				월 일
		18 should의 의미와 쓰임		GB PB				월 일
		Test		GB PB				월 일
12 일차	Unit 6 **전치사** p. 72	**19** 시간을 나타내는 전치사	월 일	GB PB				월 일
		20 위치를 나타내는 전치사		GB PB				월 일
13 일차		**21** 방향을 나타내는 전치사	월 일	GB PB				월 일
		Test		GB PB				월 일
14 일차	Unit 7 **There is(are) ~** p. 82	**22** There is + 단수 명사 / There are + 복수 명사	월 일	GB PB				월 일
		23 There is(are)의 부정문과 의문문		GB PB				월 일
15 일차		Test	월 일	GB PB				월 일

How to Study

진도용 Grammar Book과 문제풀이용 Practice Book을 연계해서 학습해 보세요.
쉬운 개념 학습과 반복 문제 풀이로 문법을 완벽하게 마스터할 수 있어요.

I See Grammar 시리즈 Contents

LEVEL 1	LEVEL 3	LEVEL 4
Unit 0 문장의 구성 요소	Unit 0 동사의 시제	Unit 0 문장의 5형식
Unit 1 셀 수 있는 명사	Unit 1 be동사의 과거시제	Unit 1 비교급과 최상급
Unit 2 셀 수 없는 명사	Unit 2 일반동사의 과거시제	Unit 2 접속사
Unit 3 관사	Unit 3 진행시제	Unit 3 to부정사
Unit 4 인칭대명사	Unit 4 미래시제	Unit 4 동명사
Unit 5 지시대명사와 지시형용사	Unit 5 의문사	Unit 5 여러 가지 동사
Unit 6 be동사의 현재시제	Unit 6 수량 형용사	Unit 6 문장의 종류
Unit 7 be동사의 부정문과 의문문		

Unit 0 문장의 형식

1 1형식 문장

문장은 주인공인 '주어'와 주어의 동작이나 상태를 설명하는 '동사,' 주어를 보충 설명하는 '보어' 등의 구성 요소로 이루어진다. 모든 영어 문장은 구성 요소에 따라 5가지의 형식으로 구분되는데, 5가지 문장 형식만 알면 영어 문장의 규칙을 알 수 있다! 여기선 3가지 형식을 배워보자.

1형식 문장은 <주어+동사>로 이루어진다.

The sun 태양이	shines. 빛난다
주어	동사

> Birds sing. 새들이 노래한다.
> --------------------------------
> They study. 그들은 공부한다.

 두 개 단어로만 이루어진 문장은 별로 본 적이 없는데?

주어와 동사 외에 의미를 보충해주기 위해 뒤에 덧붙는 말이 따라올 수 있어.

The sun shines **brightly**. 태양이 밝게 빛난다.
Birds sing **in the tree**. 새들이 나무에서 노래한다.
They study **at school**. 그들은 학교에서 공부한다.

정답 ● p. 2

문제로 익히기

A 다음 문장에서 주어에 동그라미 하고, 동사에 밑줄 치세요.

1 (They) dance.
2 She smiles at me.
3 Whales live in the ocean.
4 My little sister sleeps on the sofa.

B 다음 주어에 어울리는 동사와 덧붙는 말을 찾아 연결해 문장을 완성하세요.

주어	동사	덧붙는 말
1 The movie •	• run •	• fast.
2 Leaves •	• starts •	• in autumn.
3 Cheetahs •	• fall •	• at 7 o'clock.

2 2형식 문장

2형식 문장은 <주어+동사+보어>로 구성된다.

| 주어 | + | 동사 | + | 보어 |

• 보어는 주어가 누구[무엇]이거나 어떤 상태인지를 보충 설명해 주는 말로, 형용사와 명사가 보어로 쓰인다.

He 그는	is ~하다[이다]	happy. 행복한 a doctor. 의사
주어	동사	보어

This book is exciting. 이 책은 흥미롭다.

They are my friends. 그들은 내 친구들이다.

명사와 형용사가 무엇이지?

명사는 사람, 사물, 동식물, 장소 등의 이름을 나타내는 말이고, 형용사는 사람이나 사물의 상태나 성질이 어떤지를 설명하는 말이야.

명사: Tom, book, Korea, rice, love, ...

형용사: angry, sad, tall, dangerous, high, ...

정답 ● p. 2

문제로 익히기

A 다음 문장에서 동사에 동그라미 하고, 보어에 밑줄 치세요.

1 These flowers are beautiful.

2 The road is not dangerous.

3 It is a new hospital.

4 They are baseball players.

B 다음 밑줄 친 주어를 보충 설명할 수 있는 보어를 골라 문장을 완성하세요.

| artists | high | his socks | sad |

1 This story is _____ .

2 Mt. Everest is _____ .

3 The tall men are _____ .

4 These are _____ .

3형식 문장은 <주어+동사+목적어>로 구성된다.

| 주어 | + | 동사 | + | 목적어 |

- 목적어는 주어의 행동이 무엇 또는 누구를 대상으로 하는지를 나타내는 말로, '~을[를]'로 해석한다.
- 목적어 자리에는 명사나 대명사가 온다.

Jessy 제시는	teaches 가르친다	English. 영어를
주어	동사	목적어

I know that girl. 나는 저 소녀를 안다.

Frogs eat insects. 개구리는 곤충을 먹는다.

 어떤 경우에 목적어가 붙는 거야? 주어랑 동사만 쓰면 안 되는 거야?

목적어가 없어도 되는 동사가 있지만, 반드시 목적어가 필요한 동사들도 있어. 이러한 동사들을 '3형식 동사'라고 불러. like, want, need, eat,... 등이 있어.

Bees fly. 벌은 날아다닌다. → 목적어 없이도 문장이 된다.

Bees like honey. 벌은 꿀을 좋아한다. → 목적어가 없으면 문장이 되지 않는다. Bees like. (x)

정답 ● p. 2

문제로 익히기

A 다음 문장에서 목적어에 밑줄 치세요.

1 We practice the flute very hard.

2 I drink milk every day.

3 They want a computer.

4 My family cleans the house.

B 다음을 자연스러운 문장이 되도록 알맞은 목적어와 연결하세요.

 주어 + 동사 　　　　　　목적어

1 Students wear ●　　　● French food.

2 Spiders have ●　　　● school uniforms.

3 He enjoys ●　　　● eight legs.

Unit 1

일반동사의 현재시제

개념 미리 보기

• 일반동사는 일상생활에서 우리가 하는 모든 동작이나 상태를 나타내는 말로, eat(먹다), play(놀다), sleep(자다) 등이 일반동사예요.

• 우리말에서는 '내가 먹는다.'와 '그녀가 먹는다.'처럼 일반동사에 해당하는 '먹는다'의 형태가 바뀌지 않지만, 영어에서는 주어에 따라 일반동사의 형태가 달라져요.

펼쳐 보기

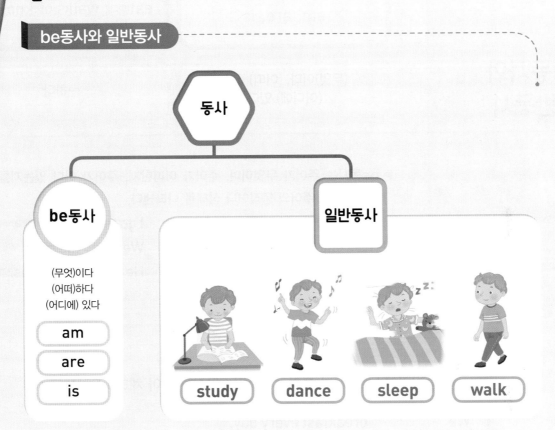

동사

be동사

(무엇)이다
(어떠)하다
(어디에) 있다

am

are

is

일반동사

study   dance   sleep   walk

주어에 따라 바뀌는 일반동사의 형태

→ 3인칭 단수 주어

	I / You / We / They	He / She / The boy
대부분의 동사	run	runs
-s, -x, -ch, -sh, -o로 끝나는 동사	mix	mixes
〈자음＋y〉로 끝나는 동사	fly	flies
모양이 바뀌는 동사	have	has

01

be동사와 일반동사

be동사
am, are, is

(무엇)이다, (어떠)하다,
(어디에) 있다

일반동사
eat(먹다), walk(걷다), know(알다),
like(좋아하다), see(보다) ...

~하다

▶ be동사는 주어가 무엇이며, 주어가 어떠한지, 주어가 어디 있는지를 나타내며,
일반동사는 주어의 동작이나 상태를 나타낸다.

I am a student. 나는 학생이다.
He is tall. 그는 키가 크다.
We are in the garden. 우리는 정원에 있다.

I go to school. 나는 학교에 간다.
We know the man. 우리는 그 남자를 안다.
He eats sandwiches. 그는 샌드위치를 먹는다.

아닌 것
찾기

A 다음 빈칸에 be동사가 들어갈 수 <u>없는</u> 문장을 찾아 체크(✔)하세요.

1 We _____ breakfast every day. ☐

2 Kelly _____ very nervous. ☐

3 Mike _____ my son. ☐

4 The boys _____ gloves. ☐

5 Tom's brother _____ a magician. ☐

6 My father _____ fishing on Saturday. ☐

7 I _____ winter. ☐

8 They _____ good teachers. ☐

every day 매일
nervous 긴장한
son 아들
gloves 장갑
magician 마술사
fishing 낚시
Saturday 토요일
winter 겨울

고르기 **B** 다음 우리말과 같도록 빈칸에 알맞은 동사를 고르세요.

1 (1) Jason and I _____ soccer on weekends. ① are ② play
제이슨과 나는 주말에 축구를 한다.

(2) They _____ Korean soccer players. ① are ② play
그들은 한국 축구 선수들이다.

2 (1) Peter's grandfather _____ a farmer. ① is ② grows
피터의 할아버지는 농부이다.

(2) Rick _____ corn and beans. ① is ② grows
릭은 옥수수와 콩을 키운다.

3 (1) It _____ hot in summer. ① is ② enjoys
여름에는 날씨가 덥다.

(2) Emma _____ swimming in summer. ① is ② enjoys
엠마는 여름에 수영하는 것을 즐긴다.

weekend 주말
Korean 한국인; 한국의
farmer 농부
grow 키우다; 자라다
corn 옥수수
bean 콩
summer 여름
enjoy 즐기다

빈칸 채우기 **C** 다음 우리말과 같도록 빈칸에 알맞은 동사를 골라 쓰세요.

| is | are | like | sleep |

1 Those girls _____ my friends. 저 소녀들은 내 친구들이다.

2 Bats _____ during the day. 박쥐들은 낮 동안에 잔다.

3 My uncle _____ a famous chef. 내 삼촌은 유명한 요리사이다.

bat 박쥐
during the day 낮 동안
uncle 삼촌
famous 유명한
chef 요리사

4 Many children _____ Elsa and Anna in the movie 'Frozen.'
많은 어린이들이 영화 '겨울왕국'의 엘사와 안나를 좋아한다.

02

3인칭 단수 주어와 일반동사 (규칙 변화)

▶ 일반동사는 주어가 3인칭 단수일 때만 -s가 붙고 그 외에는 동사원형을 쓴다.

	단수 주어 + 일반동사		복수 주어 + 일반동사	
1인칭	I 나는	eat	we 우리는	eat
2인칭	you 너는	eat	you 너희들은	eat
3인칭	he 그는 she 그녀는 it 그것은	eats	they 그들은 / 그것들은	eat
	Tom 톰은 Jane 제인은 my sister 내 여동생은		Tom and Jane 톰과 제인은 my sisters 내 여동생들은	

I eat an apple. 나는 사과를 먹는다.
He eats an apple. 그는 사과를 먹는다.

Plus Tip
• 3인칭 단수: 말을 하는 나(I)와 말을 듣는 너(you)를 제외한 대화의 대상이 될 수 있는 한 명[개]의 사람이나 사물
• 동사원형: 동사의 기본 형태

고르기

 다음 괄호 안에서 주어에 맞는 동사를 고르세요.

1 Jane (hate / hates) science.
제인은 과학을 싫어한다.

2 This flower shop (sell / sells) roses.
이 꽃집은 장미를 판다.

3 We (eat / eats) lunch at noon.
우리는 정오에 점심을 먹는다.

4 She (get / gets) up at 7 in the morning.
그녀는 아침 7시에 일어난다.

5 He (bake / bakes) chocolate cake well.
그는 초콜릿 케이크를 잘 굽는다.

hate 싫어하다
science 과학
sell 팔다
rose 장미
noon 정오, 낮 12시
get up 일어나다
bake (빵 등을) 굽다
chocolate 초콜릿

 Aha!
science는 '과학'이라는 뜻의 명사니까 앞에 관사 a를 써야 하지 않아?

아니야. 명사와 관사는 붙어 다니지만 '수학', '과학'처럼 과목 이름 앞에는 관사가 안 붙어!

참, 그랬지!
breakfast나 lunch 같은 식사 이름 앞에도 관사 없다!

찾은 후 고르기

B 다음 문장에서 동사를 찾아 밑줄 친 후, 괄호 안에서 동사에 맞는 주어를 고르세요.

1 (You / (She)) <u>reads</u> comic books.

2 (The dogs / My dog) wags his tail.

3 (The tree / Two trees) stand on the hill.

4 (They / Tom) knows interesting stories.

5 (He / We) works at the bank.

6 (Polar bears / A polar bear) live in the Arctic.

comic book 만화책
wag
(개가 꼬리를) 흔들다
tail 꼬리
interesting 재미있는
work 일하다
bank 은행
polar bear 북극곰
live in ~에 살다
the Arctic 북극

빈칸 채우기

C 다음 주어진 동사를 빈칸에 알맞은 형태로 쓰세요.

1 make   Three elves ___make___ shoes.
세 명의 요정이 신발을 만든다.

2 help   A man _____ an old lady.
한 남자가 노부인을 돕는다.

3 wear   The painter _____ a funny hat all the time.
그 화가는 항상 우스꽝스러운 모자를 쓴다.

4 write   Yuna's brother _____ an email in English.
유나의 오빠는 영어로 이메일을 쓴다.

5 love   Kate and I _____ BTS.
케이트와 나는 BTS(방탄소년단)를 매우 좋아한다.

6 lay   A ladybug _____ about 1,000 eggs in its lifetime.
무당벌레는 평생 약 1000개의 알을 낳는다.

elf 요정(복수형 elves)
old 나이 든
wear (모자 등을) 쓰다
painter 화가
funny 웃기는
all the time 항상
write 쓰다
email 이메일
lay (알 등을) 낳다
ladybug 무당벌레
about 대략
lifetime 평생

03

3인칭 단수 주어와 일반동사 (불규칙 변화)

*Practice Book p. 108
3인칭 단수 현재형 참고

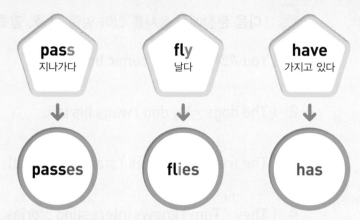

pass 지나가다	fly 날다	have 가지고 있다
↓	↓	↓
pass**es**	fl**ies**	has

▶ 주어가 3인칭 단수일 때 -es가 붙는 동사

❶ -s, -x, -ch, -sh, -o로 끝나는 동사는 -es를 붙인다.

mixes 섞다 **teaches** 가르치다 **brushes** 솔질하다 **goes** 가다

❷ 〈자음+y〉로 끝나는 동사는 y를 i로 고치고 -es를 붙인다.

cry → cries 울다 **try → tries** 노력하다 **study → studies** 공부하다

*〈모음+y〉로 끝나는 동사는 -s만 붙인다.: **buys, plays, says, prays**

▶ 동사의 모양이 변하는 동사: I **have** a book. → She **has** a book.

Plus Tip
- 모음: 자음과 자음을 연결해 단어를 만드는 5개의 소리 〔a, e, i, o, u〕
- 자음: 5개의 모음을 제외한 모든 알파벳 소리

바꿔 쓰기

 다음 동사를 알맞은 형태로 바꿔 해당하는 곳에 쓰세요.

She —	meet	brush	try	go	marry	hold
	wash	study	fix	fly	walk	say

1 -s

meets

_____

_____

_____

2 -es

_____

_____

_____

3 -ies

_____

_____

_____

meet 만나다
marry 결혼하다
hold 잡다, 들다
wash 씻다
fix 고치다, 수선하다
fly 날다

고르기

B 다음 괄호 안에서 알맞은 동사의 형태를 고르세요.

1 The baby (cry / crys / cries) at night. 아기가 밤에 운다.

2 You (do / dos / does) your homework. 너는 너의 숙제를 한다.

3 She (fry / frys / fries) some potatoes. 그녀는 감자 몇 개를 튀긴다.

4 A rainbow (have / haves / has) seven colors. 무지개는 일곱 빛깔을 갖는다.

5 The cook (mix / mixs / mixes) the flour with some sugar.
요리사가 설탕과 함께 밀가루를 섞는다.

fry 튀기다
some 약간의, 조금
potato 감자
rainbow 무지개
cook 요리사; 요리하다
flour 밀가루
with ~와 함께
sugar 설탕
sunset 노을

6 Amy and I (watch / watchs / watches) the sunset together.
에이미와 나는 함께 노을을 본다.

빈칸 채우기

C 다음 주어진 동사를 빈칸에 알맞은 형태로 쓰세요.

1 visit   Anne _____ her best friend's house.
앤은 그녀의 가장 친한 친구의 집을 방문한다.

2 pray   My mother _____ for me every day.
나의 엄마는 매일 나를 위해 기도하신다.

 Aha!

어? university와 umbrella는 똑같이 u로 시작하는데 하나는 a, 하나는 an이네?

응, 그건 university의 u가 철자는 모음이지만 발음은 모음이 아니라서 그래!

아! 모음 소리가 아니라서 a를 쓰는 거구나!

3 finish   The math class _____ at 2.
수학 수업은 2시에 끝난다.

4 study   She _____ Chinese at a university. [Aha!]
그녀는 대학교에서 중국어를 공부한다.

5 fly   An airplane _____ high in the sky.
비행기 한 대가 하늘에서 높게 난다.

visit 방문하다
pray 기도하다
finish 끝나다
math 수학
Chinese 중국어
university 대학교
trick 기법, 속임수

6 teach   The magician _____ students his magic tricks.
그 마술사는 학생들에게 그의 마술 기법을 가르친다.

1 다음 빈칸에 be동사가 들어갈 수 있는 것을 고르세요.

① She _____ spaghetti for lunch.

② I _____ chocolate cake well.

③ He _____ his bike in the evening.

④ We _____ a math test today.

⑤ They _____ good soccer players.

2 다음 빈칸에 be동사가 들어갈 수 없는 것을 고르세요.

① Tom _____ a kind man.

② They _____ my brothers.

③ We _____ gloves in winter.

④ My father _____ a police officer.

⑤ Paul and Joe _____ in the garden.

3 다음 빈칸에 알맞은 것을 고르세요.

_____ fixes the car on Sunday.

① We ② The boy ③ Tom and I
④ They ⑤ My brothers

4~5 다음 빈칸에 들어갈 말이 바르게 짝지어진 것을 고르세요.

4
· Jim's uncle _____ a new car.
· She _____ a K-pop singer.

① is – want ② is – wants
③ want – is ④ wants – is
⑤ wants – are

5
· He _____ to school by bus.
· We _____ swimming on Sunday.

① go – go ② go – goes
③ goes – go ④ goes – goes
⑤ gos – go

6 다음 밑줄 친 부분이 바르게 쓰인 것을 고르세요.

① The painter mixs two colors.

② She teaches Chinese at a university.

③ The class startes at seven.

④ Mr. Johnson haves two sons.

⑤ Jane watchs TV every evening.

7~8 다음 빈칸에 알맞지 않은 것을 고르세요.

7
My sister _____ every weekend.

① eats pizza

② makes dinner

③ goes to the library

④ buy some bread

⑤ reads comic books

8
_____ knows funny stories.

① Sam ② She
③ My brother ④ The little girl
⑤ Tom and Jane

9 다음 빈칸에 알맞은 것을 고르세요.

> Jane _____ English very hard.

① is   ② study   ③ studys
④ studies   ⑤ studyes

10 다음 빈칸에 play가 들어갈 수 없는 것을 고르세요.

① Amy _____ the violin every day.
② We _____ the guitar very well.
③ Bill and his friends _____ soccer after school.
④ They _____ games after dinner.
⑤ Paul and I _____ badminton on Tuesday.

11~12 다음 밑줄 친 부분이 틀린 것을 고르세요.

11 ① He likes hip hop music.
② Mr. White loves his children.
③ The babies cries all the time.
④ Jenny and I live in London.
⑤ Kevin does his homework at home.

12 ① Mike gets up early in the morning.
② The science class finishes at 3.
③ Those dogs wag their tails.
④ The men works at the bank.
⑤ Two airplanes fly high in the sky.

서술형 ✎ ～～～

13 다음 주어진 동사를 알맞은 형태로 고쳐 쓰세요.

> · The girl _____ her friends in the park. (meet)
> · The chef _____ some fish. (fry)

14 다음 문장의 밑줄 친 부분을 바르게 고쳐 쓰세요.

> Jason visit his grandmother's house on weekends and brushees horses.
>
> 제이슨은 주말에 할머니 댁을 방문해서 말을 솔질한다.

(1) visit → _____
(2) brushees → _____

15 다음 우리말과 같도록 주어진 말을 이용하여 문장을 완성하세요. (필요하면 동사의 형태를 바꾸세요.)

> 그는 매일 아침 우유를 마신다.

→ _____

(milk, drink, every morning)

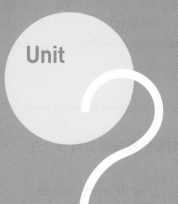

Unit

2

일반동사의 부정문과 의문문

개념 미리 보기

• 일반동사가 쓰이는 영어에서는 우리말의 '~않아, ~못해'와 같은 부정문이나 '~하니?'와 같은 의문문은 do나 does를 이용해서 표현해요.

• 부정문은 일반동사 앞에 do[does] not을 붙이고, 의문문은 do[does]를 문장의 맨 앞에 써요.

펼쳐 보기

● 일반동사에게 꼭 필요한 도우미 do와 does!

3인칭 단수 주어가 아닐 때

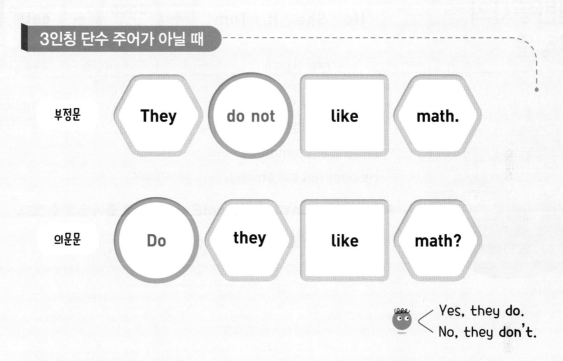

부정문: **They** **do not** **like** **math.**

의문문: **Do** **they** **like** **math?**

Yes, they do.
No, they don't.

3인칭 단수 주어일 때

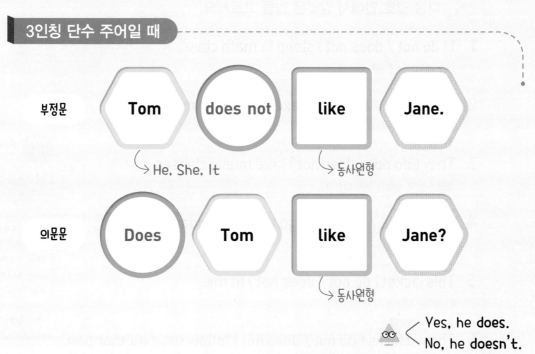

부정문: **Tom** **does not** **like** **Jane.**
↳ He, She, It   ↳ 동사원형

의문문: **Does** **Tom** **like** **Jane?**
↳ 동사원형

Yes, he does.
No, he doesn't.

04

일반동사의 부정문

I / You / We / They + **do not** + eat ~

He / She / It / Tom + **does not** + eat~~s~~ ~

→ 3인칭 단수 주어

→ 동사원형

▶ 문장의 동사가 일반동사일 경우 주어에 따라 do not이나 does not을 동사 앞에 넣어 부정문을 만들며, 동사는 원형이 된다.

I do not **eat** tomatoes. 나는 토마토를 먹지 않는다.

He does not **eat** onions. 그는 양파를 먹지 않는다.

▶ do not은 don't로, does not은 doesn't로 줄여서 쓸 수 있다.

＊be동사의 부정문: He **is not** a cook. 그는 요리사가 아니다.

고르기

 다음 괄호 안에서 알맞은 말을 고르세요.

1 I (do not / does not) sleep in math class.

나는 수학시간에 자지 않는다.

2 He (do not / does not) exercise in the morning.

그는 아침에 운동하지 않는다.

3 They (do not / does not) take music classes.

그들은 음악 수업을 듣지 않는다.

4 We (do not / does not) go to school today.

우리는 오늘 학교에 가지 않는다.

5 This jacket (do not / does not) fit me.

이 재킷은 나에게 맞지 않는다.

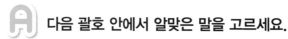

6 Those chicks (do not / does not) follow their mother hen.

저 병아리들은 그들의 어미 닭을 따라가지 않는다.

exercise 운동하다
take (수업을) 듣다
music 음악
jacket 재킷
fit ~에게 맞다
chick 병아리
follow 따라가다
hen 암탉

 Aha!

chick과 chicken은 어떻게 달라?

chicken은 닭이고, chick은 병아리, 새끼 새를 가리켜. 소는 cow 지만 송아지는 calf라고 하는 것처럼!

새끼 동물들의 이름은 따로 있구나!

2개 고르기

B 다음 괄호 안에서 알맞은 동사의 형태를 고르세요.

1 A turtle (move / moves) slowly, but a rabbit doesn't (move / moves) slowly.
거북이는 천천히 움직이지만, 토끼는 천천히 움직이지 않는다.

2 My friends don't (like / likes) soccer, but I (like / likes) it.
내 친구들은 축구를 좋아하지 않지만, 나는 (축구를) 좋아한다.

3 He (have / has) a car, but she doesn't (have / has) one.
그는 차 한 대를 가지고 있지만, 그녀는 (차) 한 대를 가지고 있지 않다.

4 Bats don't (fly / flies) in the daytime, but birds (fly / flies) in the daytime.
박쥐들은 낮에 날지 않지만, 새들은 낮에 난다.

5 I (enjoy / enjoys) fast food, but Jack doesn't (enjoy / enjoys) fast food.
나는 패스트푸드를 즐기지만, 잭은 패스트푸드를 즐기지 않는다.

turtle 거북이
move
움직이다. 이동하다
slowly 천천히
but 그러나
daytime 낮
enjoy 즐기다

빈칸 채워 부정문 완성하기

C 다음 주어진 동사를 부정형으로 바꿔 빈칸을 채우세요.

1 I ___don't need___ a dictionary. (need)
나는 사전이 필요하지 않다.

2 Jack _____ science books. (read)
잭은 과학책을 읽지 않는다.

3 Americans _____ chopsticks. (use)
미국인들은 젓가락을 사용하지 않는다.

4 This bus _____ to City Hall. (go)
이 버스는 시청으로 가지 않는다.

5 They _____ my name. (know)
그들은 내 이름을 알지 못한다.

6 Emma _____ piano a lot. (practice)
엠마는 피아노 연습을 많이 하지 않는다.

dictionary 사전
science 과학
American
미국인; 미국의
chopsticks 젓가락
(주로 복수형으로 씀)
City Hall 시청
practice 연습하다

05

일반동사의 의문문

→ 3인칭 단수 주어   → 동사원형

▶ 문장의 동사가 일반동사일 경우 주어에 따라 Do나 Does를 문장 맨 앞에 넣어 의문문을 만들며, 동사는 원형이 된다.

They know Jane.
그들은 제인을 알고 있다.

→ Do they **know** Jane?
그들은 제인을 알고 있니?

He knows me.
그는 나를 알고 있다.

→ Does he **know** me?
그는 나를 알고 있니?

*be동사의 의문문: He **is** fast. → **Is** he fast? 그는 빠르니?

> **Plus Tip**
> 일반동사의 의문문은 주어 뒤에 동사원형이 있는 반면 be동사의 의문문은 주어 뒤에 동사가 없다.
> • Do you like me?   • Are you tall?

고르기

A 다음 문장의 빈칸에 알맞은 말을 고르세요.

1 _____ she like rainy days?   ① Do   ② Does
그녀는 비오는 날을 좋아하니?

2 _____ they climb mountains?   ① Do   ② Does
그들은 등산을 하니?

3 _____ flamingos eat shellfish?   ① Do   ② Does
플라밍고는 조개를 먹니?

4 _____ Peter's aunt have a pet?   ① Do   ② Does
피터의 숙모는 애완동물을 기르니?

5 _____ this train go to Busan?   ① Do   ② Does
이 기차는 부산으로 가니?

6 _____ you speak German?   ① Do   ② Does
너는 독일어를 하니?

climb (산 등을) 오르다
flamingo 플라밍고
shellfish 조개
pet 애완동물
train 기차
German
독일어; 독일의

정답 ● p. 3

2개 고르기

B 다음 괄호 안에서 알맞은 말을 고르세요.

1 (Do / Does) he (play / plays) the violin well? 그는 바이올린을 잘 연주하니?

2 (Do / Does) you (wear / wears) glasses? 너는 안경을 쓰니?

3 (Do / Does) your mom (like / likes) coffee? 너의 엄마는 커피를 좋아하니?

4 (Do / Does) plants (need / needs) sunlight? 식물은 햇빛이 필요하니?

5 (Do / Does) a rattlesnake (live / lives) in the jungle? 방울뱀은 정글에 사니?

6 (Do / Does) Sally (take / takes) a shower in the morning? 샐리는 아침에 샤워를 하니?

glasses 안경
plant 식물; 화분
sunlight 햇빛
rattlesnake 방울뱀
jungle 정글
take a shower
샤워하다

**빈칸 채워
의문문
완성하기**

C 다음 빈칸에 알맞은 말을 넣어 의문문을 완성하세요.

1 She wants a pair of sneakers.
→ ___Does___ she ___want___ a pair of sneakers? 그녀는 운동화 한 켤레를 원하니?

2 He teaches math at a university.
→ _____ he _____ math at a university? 그는 대학에서 수학을 가르치니?

3 An octopus has eight legs.
→ _____ an octopus _____ eight legs? 문어는 다리가 8개이니?

4 Your grandparents live in England.
→ _____ your grandparents _____ in England?
너의 조부모님은 영국에 사니?

pair 한 쌍
sneakers 운동화
octopus 문어
England 영국

5 Harry walks his dog after school.
→ _____ Harry _____ his dog after school?
해리는 방과 후에 그의 개를 산책시키니?

Practice Book ↔ p. 20 Go!   Unit 2 일반동사의 부정문과 의문문 ● **23**

06

일반동사의 의문문에 대한 대답

Do you like math?	Does he run fast?
Yes, I **do.**	Yes, he **does.**
No, I **don't.**	No, he **doesn't.**

▶ 일반동사 의문문에 대답할 때는 주어에 따라 do(does), don't(doesn't)를 이용해서 답한다.

▶ 일반동사 의문문의 주어가 명사일 경우 명사를 주격대명사로 바꿔서 답한다.
Do your dogs bark? 너의 개들은 짖니?
- **Yes, they do.** 응. 그래.   - **No, they don't.** 아니. 그렇지 않아.

▶ 일반동사 의문문에 대한 부정의 대답은 반드시 줄임말로 한다.
Do you have a sister? - No, I don't. (○) No, I do not. (×)

빈칸 채워
대화
완성하기

🅐 다음 빈칸에 알맞은 말을 넣어 대화를 완성하세요.

1 A **Do you get sick?**
너는 아프니?

B Yes, _____I_____ _____do_____ .
응. 그래.

2 A **Does Andy eat tomatoes?**
앤디는 토마토를 먹니?

B No, _____ _____.
아니. 그렇지 않아.

3 A **Does a snail move slowly?**
달팽이는 천천히 움직이니?

B Yes, _____ _____.
응. 그래.

4 A **Does your sister come?**
너의 언니는 오니?

B Yes, _____ _____.
응. 그래.

get sick 아프다
snail 달팽이
frog 개구리
spring 봄
hen 암탉
lay eggs 알을 낳다

5 A **Do frogs sleep in spring?**
개구리들은 봄에 자니?

B No, _____ _____.
아니. 그렇지 않아.

6 A **Do hens lay eggs?**
암탉들은 알을 낳니?

B Yes, _____ _____.
응. 그래.

표 보고
빈칸 채우기

B 다음 Lucy(루시)의 토요일 일정표를 보고, 질문에 알맞은 대답을 쓰세요.

♥ Saturday Schedule

☆ Smile ☆

8:00 a.m.	wake up
9:00 a.m.	have breakfast
10:00 a.m.	do my homework
12:00 p.m.	eat lunch
02:00 p.m.	meet Jane
03:00 p.m.	go to the gym with Jane
06:00 p.m.	play badminton with dad

Memo__

Ⓐ Ⓑ

1 A Does Lucy wake up at seven?

　B 　　No　　, 　　she　　 　doesn't　 .

2 A Does Lucy have breakfast at nine?

　B 　　　　　, 　　　　　 　　　　　 .

3 A Does Lucy do her homework with Jane?

　B 　　　　　, 　　　　　 　　　　　 .

4 A Does Lucy eat lunch at two?

　B 　　　　　, 　　　　　 　　　　　 .

5 A Does Lucy meet Jane after lunch?

　B 　　　　　, 　　　　　 　　　　　 .

wake up
일어나다, 깨다
homework 숙제
gym 체육관
badminton 배드민턴
after ～후에
together 함께
tennis 테니스

6 A Do Lucy and Jane go to the gym together?

　B 　　　　　, 　　　　　 　　　　　 .

7 A Do Lucy and her dad play tennis at six?

　B 　　　　　, 　　　　　 　　　　　 .

Wrap-up Test

1~2 다음 빈칸에 들어갈 말이 나머지와 다른 것을 고르세요.

1 ① Jenny and I _____ not play games.
② My cats _____ not like fish.
③ We _____ not wear glasses.
④ The singer _____ not sing well.
⑤ My parents _____ not get up early.

2 ① _____ Jenny have a piano lesson?
② _____ your brother get sick?
③ _____ she a history teacher?
④ _____ this bus go to City Hall?
⑤ _____ the jacket fit you well?

3 다음 빈칸에 알맞지 <u>않은</u> 것을 고르세요.

Does _____ enjoy fast food?

① Tom   ② the students
③ the woman   ④ Mr. Wang
⑤ Kevin's brother

4~5 다음 괄호 안에서 알맞은 말을 고르세요.

4 (1) The farmer (don't / doesn't) have hens and cows.
(2) Does she (clean / cleans) her room every day?

5 (1) Sam doesn't (go / goes) to the gym on Monday.
(2) (Do / Does) they speak German?

6 다음 중 바르게 쓰인 문장을 고르세요.

① John doesn't practices swimming.
② Does your father work at the airport?
③ We doesn't exercise in the morning.
④ Does she likes horror movies?
⑤ The garden has not beautiful flowers.

7~8 다음 대화의 빈칸에 알맞은 것을 고르세요.

7
A Does she have short hair?
B _____

① Yes, she is.   ② No, she isn't.
③ Yes, she has.   ④ No, she hasn't.
⑤ No, she doesn't.

8
A Do his friends know my name?
B _____

① Yes, we do.   ② No, they aren't.
③ No, they don't.   ④ Yes, they are.
⑤ No, we don't.

9~10 다음 빈칸에 알맞은 것을 고르세요.

9

My cousins _____ like fried chicken.

① am not   ② are not
③ is not   ④ do not
⑤ does not

10

_____ cookies on weekends?

① Does your mother make
② Does your mother makes
③ Do your mother make
④ Do your mother makes
⑤ Is your mother makes

11 다음 우리말을 영어로 바르게 쓴 것을 고르세요.

그 아기는 밤에 울지 않는다.

① The baby is not cry at night.
② The baby do not cry at night.
③ The baby do not cries at night.
④ The baby does not cry at night.
⑤ The baby does not cries at night.

서술형

12 다음 우리말과 같도록 대화를 완성하세요.

A **Does the monkey want a banana?**
그 원숭이는 바나나를 원하니?
B _____, _____ _____.
응, 그래.

13 다음 우리말과 같도록 주어진 말을 이용하여 문장을 완성하세요.

루시는 음악 수업을 듣지만, 브랜든은 음악 수업을 듣지 않는다.

→ Lucy _____ music classes, but Brandon _____ _____ music classes. (take)

14 다음 대화에서 **틀린** 부분을 찾아 바르게 고쳐 쓰세요.

A Do the animal live in the jungle?
B Yes, it does.

_____ → _____

15 다음 우리말과 같도록 주어진 말을 바르게 배열하여 문장을 완성하세요.

그 영화는 10시에 끝나니?
(the movie, finish, does, at ten)

→ _____

Grammar Map

현재형	동사원형	동사원형+(e)s
대부분의 동사	eat	eat → eats
-s, -x, -ch, -sh, -o로 끝나는 동사	miss	miss → [1]
〈자음+y〉로 끝나는 동사	cry	cry → [2]
모양이 바뀌는 동사	have	have → [3]

* 3인칭 단수 주어일 때만!

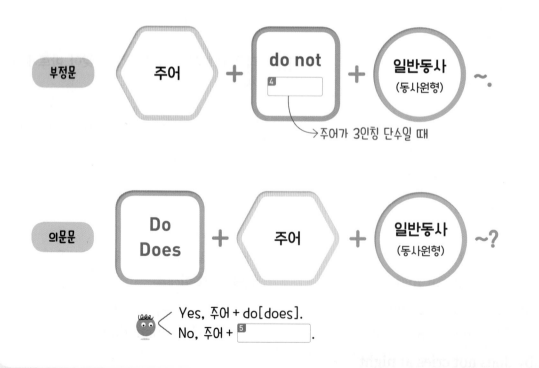

부정문 주어 + do not [4] + 일반동사 (동사원형) ~.

→ 주어가 3인칭 단수일 때

의문문 Do Does + 주어 + 일반동사 (동사원형) ~?

< Yes, 주어 + do[does].
  No, 주어 + [5] .

정답 | [1] misses [2] cries [3] has [4] does not [5] don't[doesn't]

1 다음 중 3인칭 단수 현재형이 바르게 연결되지 않은 것을 고르세요.

① say – says   ② mix – mixs
③ try– tries   ④ help – helps
⑤ pass – passes

2~3 다음 빈칸에 알맞지 않은 것을 고르세요.

2
| _____ listens to music before bed. |

① She   ② Jenny   ③ Jim's aunt
④ The boy   ⑤ Dad and I

3
| _____ go fishing today. |

① They   ② Andy and Jane
③ My friend   ④ Those men
⑤ The children

4 다음 빈칸에 be동사가 들어갈 수 없는 것을 고르세요.

① It _____ hot in summer.
② He _____ tall and handsome.
③ Korea and Japan _____ in Asia.
④ My uncle _____ an animal doctor.
⑤ This shop _____ plants and flowers.

5 다음 괄호 안에서 알맞은 말을 고르세요.

Tom (read / reads) books on weekdays, but he doesn't (read / reads) books on weekends.

서술형
6 다음 문장에서 주어를 He로 바꿔 다시 쓰세요.

| I have breakfast at eight. |

→ _____

7 다음 우리말을 영어로 바르게 쓴 것을 고르세요.

| 그는 매일 아침 빵을 산다. |

① He buy bread every morning.
② He buys bread every morning.
③ He buies bread every morning.
④ He does buy bread every morning.
⑤ He is buy bread every morning.

서술형
8 다음 우리말과 같도록 틀린 부분을 찾아 바르게 고쳐 쓰세요.

| Does Tim and Bora climb a mountain together? 팀과 보라는 함께 등산을 하니? |

_____ → _____

9~10 다음 빈칸에 알맞은 것을 고르세요.

9

> This bus _____ here.

① isn't stop   ② isn't stops
③ don't stop   ④ doesn't stop
⑤ doesn't stops

10

> _____ her parents watch the show?

① Is   ② Are   ③ Do
④ Does   ⑤ Dos

서술형

11 다음 주어진 동사를 알맞은 형태로 고쳐 쓰세요.

> • David _____ science at a middle school. (teach)
> • She _____ her old friends. (miss)

서술형

12 다음 대화의 빈칸에 알맞은 말을 쓰세요.

> A Does your sister take a piano lesson?
> B No, _____ _____.

13 다음 밑줄 친 부분이 틀린 것을 고르세요.

① A man <u>carrys</u> a big box.
② The rabbits <u>have</u> black ears.
③ A bear <u>sleeps</u> in winter.
④ We <u>take</u> a walk every day.
⑤ She <u>needs</u> new sneakers.

14 다음 중 올바르지 <u>않은</u> 문장을 고르세요.

① The cook fries some potatoes.
② Jenny's classmates doesn't hate her.
③ Does this train go to the museum?
④ The math class doesn't start at twelve.
⑤ He runs with Simon every morning.

15 다음 문장을 부정문으로 바르게 바꾼 것을 고르세요.

> Mike eats onions.

① Mike isn't eat onions.
② Mike aren't eat onions.
③ Mike don't eat onions.
④ Mike doesn't eat onions.
⑤ Mike doesn't eats onions.

16 다음 문장을 의문문으로 바르게 바꾼 것을 고르세요.

> The Earth moves around the Sun.

① Do the Earth moves around the Sun?
② Does the Earth moves around the Sun?
③ Does the Earth move around the Sun?
④ Is the Earth move around the Sun?
⑤ Is the Earth moves around the Sun?

17 다음 중 짝지어진 대화가 자연스럽지 <u>않은</u> 것을 고르세요.

① A Do sharks eat fish?
   B Yes, they do.
② A Does Paul wear the white hat?
   B No, he doesn't.
③ A Do Asians use chopsticks?
   B Yes, they do.
④ A Does this shirt fit you?
   B Yes, it does.
⑤ A Does Amy speak French?
   B Yes, she do.

서술형
18 다음 문장을 부정문으로 바꿔 쓰세요.

> She likes scary movies.

→ _____

서술형 업그레이드

19 다음 Kevin의 방과 후 일정표를 보고, 빈칸에 알맞은 말을 쓰세요.

Mon.	study English
Wed.	go to a swimming pool
Fri.	take a drawing class

(1) A Does Kevin study English on Monday?
    B Yes, _____ _____. He _____ English on Monday.
(2) A Does Kevin go to the library on Wednesday?
    B No, _____ _____. He _____ to a swimming pool on Wednesday.

20 다음 그림을 보고, [보기]의 동사를 이용하여 문장을 완성하세요.

┌ 보기 ┐
walk
play
ride
fly

> Two children _____ badminton. A woman _____ her dog. A boy _____ a kite. A girl _____ her bike.

Unit 3 형용사

개념 미리 보기

• 형용사는 명사의 단짝 친구로 명사 앞에서 명사를 꾸미거나 주어를 설명해줘요. '크다' 라는 뜻의 형용사 big은 명사를 꾸밀 때는 It is a big bag.(그것은 큰 가방이다.)으로 쓰고, be동사 뒤에서 주어를 설명할 때는 The bag is big.(그 가방은 크다.)이라고 써요.

펼쳐 보기

다양한 형용사

a dog → 색깔 a gray dog a brown dog a white dog

a box → 모양 a small box a round box a long box

a boy → 감정 a happy boy a sad boy an angry boy

형용사의 역할

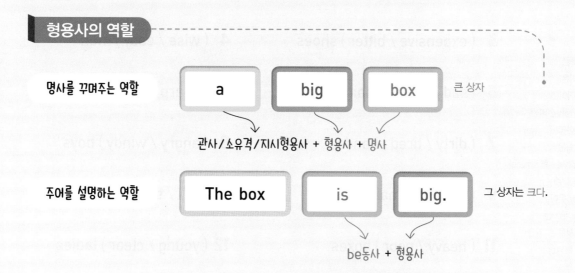

명사를 꾸며주는 역할   a   big   box   큰 상자

관사/소유격/지시형용사 + 형용사 + 명사

주어를 설명하는 역할   The box   is   big.   그 상자는 크다.

be동사 + 형용사

07

형용사의 역할 (한정적 용법)

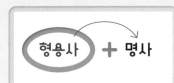

작은 가방

▶ 형용사는 명사의 성질이나 상태를 설명하는 말로, 명사 앞에서 명사를 꾸며 준다.

▶ 명사에 따라 그 성질을 나타내는 다양한 형용사가 쓰일 수 있다.

맛	hot 매운	bitter 쓴	sweet 단	salty 짠	sour 신
외모	tall 키 큰	short 짧은	fat 뚱뚱한	thin 마른	young 젊은
모양	big 큰 long 긴	small 작은 square 네모의	round 둥근	thick 두꺼운 sharp 날카로운	
감정	sad 슬픈	tired 지친	angry 화난	happy 행복한	
날씨	hot 더운 windy 바람 부는	sunny 맑은	cold 추운 rainy 비오는	cloudy 흐린	

고르기  다음 괄호 안에서 명사와 어울리는 형용사를 고르세요.

1 (fast / sick) car

2 (round / cute) babies

3 (expensive / bitter) shoes

4 (wise / easy) men

5 (sad / black) chairs

6 (sharp / delicious) knives

7 (dirty / tired) hands

8 (angry / windy) boys

9 (thirsty / small) house

10 (tall / salty) soup

11 (heavy / poor) boxes

12 (young / clear) ladies

fast 빠른
sick 아픈
cute 귀여운
expensive 비싼
wise 현명한
easy 쉬운
knife 칼(복수형 knives)
dirty 더러운
thirsty 목마른
heavy 무거운
poor 서투른; 가난한
clear 분명한

찾기

B 다음 문장에서 형용사를 찾아 동그라미 하세요.

1 It is a sad story. 그것은 슬픈 이야기이다.

2 The blue tie is my father's. 그 푸른색 타이는 우리 아빠의 것이다.

3 He likes cloudy days. 그는 흐린 날을 좋아한다.

4 Is this a hard question? 이것은 어려운 문제이니?

5 She wants to buy a cheap skirt. 그녀는 싼 치마를 사고 싶어 한다.

hard 어려운
cheap (값이) 싼

6 We have a round table. 우리는 둥근 식탁을 가지고 있다.

빈칸 채우기

C 다음 우리말과 같도록 빈칸에 알맞은 형용사와 명사를 찾아 쓰세요.

형용사

~~purple~~ noisy fresh
small hot beautiful

명사

~~bag~~ milk puppies
sauce smile boy

1 I want a ___purple___ ___bag___ . 나는 자주색 가방을 원한다.

2 He has a _____ _____. 그는 아름다운 미소를 가지고 있다.

3 The _____ _____ aren't mine. 그 작은 강아지들은 내 것이 아니다.

4 Cows give us _____ _____. 암소는 우리에게 신선한 우유를 제공한다.

purple 자주빛의
noisy 시끄러운
fresh 신선한
sauce 소스
smile 미소; 미소 짓다
give 주다, 제공하다

5 Is this _____ _____ your son? 이 시끄러운 소년이 당신의 아들인가요?

6 I don't like _____ _____. 나는 매운 소스를 좋아하지 않는다.

08

다양한 형용사

*pp. 94~95 다양한 형용사 참고

▶ 의미가 반대인 형용사

  full ↔ empty   strong ↔ weak   dry ↔ wet   open ↔ closed

  clean ↔ dirty   busy ↔ free   heavy ↔ light   boring ↔ interesting

▶ 의미가 비슷한 형용사

clever, smart 영리한	fast, quick 빠른	difficult, hard 어려운
delicious, yummy 맛있는	glad < happy 기쁜 행복한	big, large < huge 큰 거대한

▶ 의미가 두 개인 형용사

old 오래된 ↔ new 새로운   full 가득 찬 ↔ empty 텅 빈

old 늙은, 나이든 ↔ young 젊은, 어린   full 배부른 ↔ hungry 배고픈

Plus Tip
형용사 앞에 un이 붙어 의미가 반대인 형용사가
되기도 한다.
ex. happy ↔ unhappy, kind ↔ unkind

반대말 쓰기 다음 빈칸에 알맞은 형용사를 쓰세요.

1 beautiful ↔ _____ugly_____
아름다운   못생긴

2 hard ↔ _____
딱딱한   부드러운

3 healthy ↔ _____
건강한   아픈

4 dry ↔ _____
마른   젖은

5 interesting ↔ _____
재미있는   지루한

6 busy ↔ _____
바쁜   한가한

7 happy ↔ _____
행복한   슬픈

8 closed ↔ _____
닫힌   열린

9 poor ↔ _____
가난한   부유한

10 fat ↔ _____
뚱뚱한   마른

11 round ↔ _____
둥근   네모의

12 old ↔ _____
늙은, 나이든   젊은, 어린

그림 보고
고르기

B 다음 그림을 보고, 괄호 안에서 알맞은 말을 고르세요.

1

A horse is a (fast / slow) animal.

A turtle is a (fast / slow) animal.

2

Jane drinks (hot / cold) water.

Peter drinks (hot / cold) water.

3

Emily wears a (dirty / clean) coat.

Justin wears a (dirty / clean) coat.

animal 동물
coat 외투

빈칸 채우기 **C** 다음 문장의 밑줄 친 형용사와 뜻이 반대인 형용사를 쓰세요.

1 Emily has a <u>long</u> scarf.
   → Jane has a _____short_____ scarf.

2 Her daughter has a <u>weak</u> heart.
   → Her son has a _____ heart.

3 This is a <u>heavy</u> table.
   → That is a _____ table.

4 The hospital has a <u>high</u> wall.
   → The museum has a _____ wall.

scarf 스카프, 목도리
heart 심장; 마음
wall 담; 벽

5 We read <u>boring</u> books.
   → They read _____ books.

 Aha!

tall과 long의 차이가
뭐야?

tall은 '(키가) 큰',
'(높이가) 높은'의 뜻이고
long은 '(길이가) 긴'
이라는 뜻이야.

아하! 그래서 '높은 빌딩'
이라고 할 때는 tall을 써서
tall building이라고
하는구나!

09
형용사의 위치

관사	형용사	명사	
the	**blue**	**shirt**	그 파란 셔츠
지시형용사 **that**	**blue**	**shirt**	저 파란 셔츠
소유격 **my**	**blue**	**shirt**	나의 파란 셔츠
숫자 **one**	**blue**	**shirt**	하나의 파란 셔츠

▶ 관사(a[an]/the), 지시형용사(this/that, these/those), 소유격(my, your, ...), 숫자(one, two, ...) 등은 <형용사+명사> 앞에 온다.

a nice boy 한 멋진 소년   the red pants 그 빨간색 바지
this tall man 이 키 큰 남자   that cute doll 저 귀여운 인형
my new shoes 나의 새 신발   his pretty sister 그의 예쁜 누나
two big bags 두 개의 큰 가방   ten sweet apples 열 개의 달콤한 사과

Plus Tip
단수 명사 앞에 형용사가 올 때 형용사의 첫 소리가 모음이면 an, 자음이면 a를 쓴다.
ex. a lady → an old lady, an orange → a sweet orange

고르기 1

A 다음 우리말을 영어로 바르게 쓴 것을 고르세요.

1 여섯 개의 노란색 망고   ① six yellow mangoes   ② yellow six mangoes

2 그녀의 젖은 치마   ① wet her skirt   ② her wet skirt

3 저 큰 건물   ① that building tall   ② that tall building

4 그 어리석은 남자   ① the stupid man   ② stupid the man

5 한 어려운 문제   ① a problem difficult   ② a difficult problem

mango 망고
stupid 어리석은
problem 문제, 일   **6** 그들의 텅 빈 방   ① their empty room   ② room empty their

고르기 2　**B** 다음 괄호 안에서 알맞은 말을 고르세요.

1 Those are (his old pants / old his pants).
저것은 그의 오래된 바지이다.

2 This is (funny a story / a funny story).
이것은 우스운 이야기이다.

3 I like (sweet these grapes / these sweet grapes).
나는 이 달콤한 포도를 좋아한다.

4 They swim in (the deep river / deep the river).
그들은 깊은 강에서 수영한다.

pants 바지
funny 우스운
correct 정확한
address 주소

5 I know (her correct address / her address correct).
나는 그녀의 정확한 주소를 안다.

문장
다시 쓰기　**C** 다음 우리말과 같도록 주어진 단어가 들어갈 위치를 찾아 문장을 다시 쓰세요.

1 Leo has three friends. (good)　→　Leo has three good friends.
레오는 세 명의 좋은 친구들이 있다.

2 This girl is Anna. (pretty)　→ _____
이 **예쁜** 소녀가 안나이다.

3 Your coat looks nice. (new)　→ _____
너의 새 외투는 멋져 보인다.

4 Seoul is a city. (big)　→ _____
서울은 큰 도시이다.

5 His eyes are beautiful. (blue)　→ _____
그의 푸른 눈은 아름답다.

city 도시
koala 코알라

6 Four koalas sleep in a tree. (cute)　→ _____
네 마리의 **귀여운** 코알라가 나무에서 잠잔다.

10

형용사의 서술적 용법

Justin	is	→ young.	저스틴은 어리다.
		→ smart.	저스틴은 영리하다.
		→ cute.	저스틴은 귀엽다.

→ be동사 → Justin(주어)의 여러 가지 상태 설명

▶ be동사 뒤에 형용사가 오면 '(어떠)하다'로 해석되어 주어를 설명해 주는데, 이것을 형용사의 '서술적 용법'이라고 한다.

▶ She is a **pretty** girl. 그녀는 예쁜 소녀이다. [명사를 꾸며주는 한정적 용법]
= The girl is **pretty**. 그 소녀는 예쁘다. [주어를 설명하는 서술적 용법]

찾기

A 다음 문장에서 형용사를 찾아 동그라미 하세요.

1 My sister is busy on Monday. 나의 언니는 월요일에 바쁘다.

2 Is your smartphone expensive? 너의 스마트폰은 비싸니?

3 The road is not dangerous. 그 길은 위험하지 않다.

4 Our house is close to the farm. 우리 집은 농장에서 가깝다. [Aha!]

5 Is Tom alone at night? 톰은 밤에 혼자 있니?

6 Is the medicine bitter? 그 약은 쓰니?

7 The artist is famous in our town. 그 예술가는 우리 마을에서 유명하다.

8 His grandparents are healthy now. 그의 조부모님은 지금 건강하다.

road 길
dangerous 위험한
close 가까운
alone 혼자인
medicine 약
bitter (맛이) 쓴
artist 예술가
town 마을

 Aha!

close는 '가까운'이라는 뜻도 있지만, '닫다'라는 뜻도 있지 않아?

맞아! 그런데 뜻에 따라 발음이 달라져.

어떻게 다른데?

'가까운'은 [클로우스]라고 발음하고, '닫다'는 [클로우즈]라고 발음한다는 거 잊지 마!

빈칸 채워 문장 완성하기

B 다음 두 문장의 뜻이 같도록 빈칸에 알맞은 말을 쓰세요.

1 She is a shy girl. 그녀는 수줍음이 많은 소녀이다.

= The girl ___is___ ___shy___ . 그 소녀는 수줍음이 많다.

2 They are cute puppies. 그들은 귀여운 강아지이다.

= The puppies _____ _____ . 그 강아지들은 귀엽다.

3 He is a polite boy. 그는 예의 바른 소년이다.

= The _____ _____ _____ . 그 소년은 예의가 바르다.

4 This is a surprising novel. 이것은 놀라운 소설이다.

= This _____ _____ _____ . 이 소설은 놀랍다.

shy 수줍음이 많은, 부끄러워하는
polite 예의 바른, 공손한
surprising 놀라운
novel 소설

고른 후 문장 완성하기

C 다음 우리말과 같도록 빈칸에 알맞은 형용사를 골라 be동사를 이용하여 문장을 완성하세요.

| hungry | tall | cheap | thick | fresh | brown |

1 Mary ___is___ ___hungry___ . 메리는 배고프다.

2 This carrot _____ _____ . 이 당근은 신선하다.

3 Those boots _____ _____ . 저 부츠는 싸다.

4 The leaves _____ _____ . 나뭇잎들이 갈색이다.

5 The basketball player _____ _____ . 그 농구 선수는 키가 크다.

thick 두꺼운
carrot 당근
dictionary 사전

6 Your dictionary _____ _____ . 너의 사전은 두껍다.

Wrap-up Test

1 다음 중 나머지와 성격이 <u>다른</u> 하나를 고르세요.

① happy   ② sunny   ③ flower

④ pretty   ⑤ honest

2~3 다음 빈칸에 들어갈 수 <u>없는</u> 것을 고르세요.

2

Bonny is a _____ girl.

① cute   ② funny   ③ kind

④ time   ⑤ shy

3

I carry this _____ box.

① heavy   ② know   ③ small

④ long   ⑤ brown

4~5 다음 중 의미가 반대인 형용사끼리 짝지어지지 <u>않은</u> 것을 고르세요.

4 ① old – young   ② hot – cold

③ fat – thin   ④ fast – quick

⑤ clean – dirty

5 ① poor – rich   ② long – short

③ easy – difficult   ④ healthy – sick

⑤ light – boring

6 다음 중 형용사가 <u>아닌</u> 것을 고르세요.

① dry   ② doll   ③ sweet

④ sad   ⑤ empty

7~8 다음 우리말과 같도록 빈칸에 알맞은 것을 고르세요.

7

이것은 나의 새 외투이다.

→ This is _____.

① new my coat   ② my new coat

③ coat new my   ④ new coat my

⑤ coat my new

8

나의 누나는 저 큰 텐트를 원한다.

→ My sister wants _____.

① big that tent   ② big tent that

③ that tent big   ④ that big tent

⑤ tent that big

9 다음 주어진 단어가 바르게 배열된 것을 고르세요.

> Chris has _____ .
> (white, caps, two)

① two white caps

② two caps white

③ white caps two

④ white two caps

⑤ caps two white

10 다음 밑줄 친 부분 중 어순이 **틀린** 것을 고르세요.

① You like this sweet cake.

② An angry man comes to me.

③ That is beautiful his house.

④ We need five red apples.

⑤ I read an interesting novel.

11 다음 밑줄 친 형용사의 쓰임이 **다른** 것을 고르세요.

① Does he have blue eyes?

② This river is deep.

③ Are these difficult questions?

④ He hates noisy girls.

⑤ She wants that yellow dress.

서술형 ✎∿

12 다음 우리말과 같도록 주어진 말을 알맞은 자리에 넣어 문장을 다시 쓰세요.

> Three boys are in the classroom.
> (smart)
> 똑똑한 세 명의 소년이 교실 안에 있다.

→ _____

13 다음 두 문장의 뜻이 같도록 빈칸에 반대의 뜻을 가진 형용사를 쓰세요.

> This bag isn't cheap and big.
> = This bag is _____ and _____ .

14 다음 두 문장의 뜻이 같도록 빈칸에 알맞은 말을 쓰세요.

> He is a famous actor.
> = The _____ _____ _____ .

15 다음 우리말과 같도록 주어진 말을 바르게 배열하여 문장을 완성하세요.

저 멋진 여자는 예의 바르다.

(woman, is, polite, nice, that)

→ _____

Unit

4 부사

개념 미리 보기

• 부사는 동작이나 상태가 어떤지 덧붙여 설명하여 문장의 내용을 풍부하게 해주는 말로, 동사나 형용사, 다른 부사를 꾸며줘요.

• 부사는 보통 형용사에 -ly를 붙여 만들지만, 그렇지 않은 부사들도 있으니 뜻과 형태를 잘 알아둬야 해요.

펼쳐 보기

부사의 위치

She sings.
그녀는 노래한다.

→ She | sings | **beautifully.**
동사 수식
그녀는 아름답게 노래한다.

She sings | very | **beautifully.**
부사 수식
그녀는 매우 아름답게 노래한다.

She is beautiful.
그녀는 아름답다.

→ She is | really | **beautiful.**
형용사 수식
그녀는 정말 아름답다.

부사의 형태

형용사 +(i)ly = 부사

loud
시끄러운
→ loudly
시끄럽게

busy
바쁜
→ busily
바쁘게

형용사 = 부사

early
이른
= early
일찍

late
늦은
= late
늦게

빈도부사(be동사 뒤, 일반동사 앞에 위치)

0% 100%

never	sometimes	often	usually	always
절대 ~ 않다	때때로	자주, 종종	보통, 대개	항상, 언제나

11

부사의 쓰임

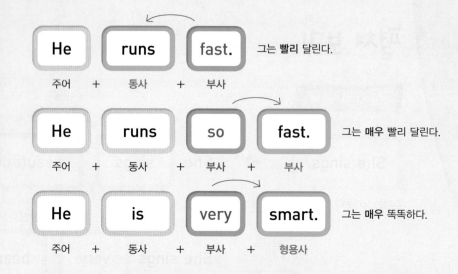

| He | runs | fast. | 그는 빨리 달린다. |
| 주어 + | 동사 + | 부사 | |

| He | runs | so | fast. | 그는 매우 빨리 달린다. |
| 주어 + | 동사 + | 부사 + | 부사 | |

| He | is | very | smart. | 그는 매우 똑똑하다. |
| 주어 + | 동사 + | 부사 + | 형용사 | |

▶ 부사는 동작이나 상태가 어떠한지를 구체적으로 덧붙여 설명해 주는 말로 동사, 다른 부사, 형용사를 꾸민다.

▶ 부사가 동사를 꾸밀 때는 주로 동사의 뒤에, 형용사나 다른 부사를 꾸밀 때는 그 앞에 위치한다.

I study hard. 나는 열심히 공부한다. **I study really hard.** 나는 정말 열심히 공부한다.
They are very cute. 그들은 매우 귀엽다.

> **Plus Tip**
> 동사가 목적어를 가지고 있을 때 부사는 보통 목적어 뒤에 온다.
> *ex.* He eats ice cream **quickly**.
> 그는 아이스크림을 빨리 먹는다.

찾은 후
골라 쓰기

 다음 문장에서 동사를 찾아 동그라미 한 후, 각 동사와 어울리는 부사를 골라 쓰세요.

| ~~carefully~~ 주의 깊게 | **badly** 서투르게 | **high** 높게 |
| **kindly** 친절하게 | **early** 일찍 | **slowly** 느리게 |

1 She (drives) carefully .

2 Turtles walk _____ .

3 Cats jump _____ .

4 Tom dances _____ .

5 He teaches me _____ .

6 I get up _____ in the morning.

찾은 후
문장
다시 쓰기

B 다음 문장에서 형용사를 찾아 동그라미 한 후, 주어진 부사를 알맞은 자리에 넣어 문장을 다시 쓰세요.

1 They are⟨happy⟩(very) ➝ _____They are very happy._____
그들은 행복하다.

2 He has a huge house. (really) ➝ _____
그는 거대한 집을 가지고 있다.

3 Is the quiz difficult? (too) ➝ _____
그 퀴즈는 어렵니?

4 This design isn't perfect. (so) ➝ _____
이 디자인은 완벽하지 않다.

5 Are you busy? (really) ➝ _____
너는 바쁘니?

huge 거대한
perfect 완벽한

찾기

C 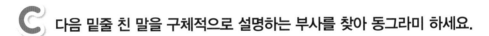 다음 밑줄 친 말을 구체적으로 설명하는 부사를 찾아 동그라미 하세요.

1 He yawns sleepily. 그는 졸린 듯 하품한다.

2 Snakes move quickly on land. 뱀은 땅 위에서 재빠르게 이동한다.

3 The children are so quiet. 그 어린이들은 매우 조용하다.

4 Jessie speaks English clearly. 제시는 영어를 분명하게 말한다.

5 Is this cap too tight for you? 이 모자는 당신에게 너무 작은가요?

6 He calls my name loudly. 그는 내 이름을 크게 부른다.

yawn 하품하다
move 이동하다
quickly 빠르게
land 땅, 육지
clearly
분명하게, 명확하게
tight 꽉 끼는, 작은

* Practice Book pp. 109~110
다양한 형용사와 부사 참고

12

부사의 형태

kind 친절한 → kindly 친절하게   easy 쉬운 → easily 쉽게

▶ 형용사 뒤에 -ly를 붙이면 부사가 되며, 부사는 주로 '~하게'로 해석된다.

She is **kind.** 그녀는 친절하다. [형용사]

She speaks **kindly.** 그녀는 친절하게 말한다. [부사]

▶ -y로 끝나는 형용사는 y를 i로 고치고 -ly를 붙이면 부사가 된다.

This question is **easy.** 이 문제는 쉽다. [형용사]

He solves this question **easily.** 그는 이 문제를 쉽게 푼다. [부사]

-ly	kindly 친절하게	carefully 주의 깊게	quickly 빠르게	loudly 시끄럽게	really 정말, 실제로
-ily	easily 쉽게	happily 행복하게	luckily 운 좋게	busily 바쁘게	heavily 무겁게, 세차게

▶ 형용사와 부사의 형태가 다른 경우도 있다.

She is a **good** teacher. 그녀는 좋은 선생님이다. [형용사]

She teaches **well.** 그녀는 잘 가르친다. [부사]

▶ 다음은 본래 부사인 단어들로 형용사나 다른 부사를 앞에서 꾸민다.

too 너무   **very** 매우   **so** 그렇게   **quite, pretty** 꽤, 상당히

This shirt is **too big.** 이 셔츠는 너무 크다.

바꿔 쓰기  다음 형용사를 부사로 바꿔 쓰세요.

1 bad → _____
나쁜　　　나쁘게, 서투르게

2 angry → _____
화난　　　화나서

3 safe → _____
안전한　　　안전하게

4 heavy → _____
무거운　　　무겁게, 세차게

5 slow → _____
늦은　　　느리게, 천천히

6 careful → _____
조심하는　　　주의 깊게

7 new → _____
새로운　　　새롭게

8 happy → _____
행복한　　　행복하게

9 good → _____
훌륭한　　　잘

찾은 후 표시하기

B 다음 문장에서 부사를 찾아 동그라미 한 후, 꾸미는 말을 표시하세요.

1 Jack does his homework (quickly). 잭은 숙제를 빨리 한다.

2 Tom is too busy in the morning. 톰은 아침에 너무 바쁘다.

3 Yumi speaks English fluently. 유미는 영어를 유창하게 말한다.

4 The boy throws the ball angrily. 그 소년은 화난 듯이 그 공을 던진다.

5 The box on the table is quite heavy. 식탁 위에 있는 상자는 꽤 무겁다.

6 She passes the exam easily. 그녀는 시험에 쉽게 합격한다.

7 The game isn't so fun. 그 게임은 그렇게 재미있지 않다.

fluently 유창하게
throw 던지다
pass 합격하다; 지나가다
exam 시험

> **Plus Tip**
> 부사 **quite**는 끝의 t, e의 순서가 바뀌면 다른 뜻의 형용사가 되므로 주의해야 한다.
> • quite는 '꽤, 상당히'라는 뜻의 **부사**로 [콰이트]라고 발음한다.
> • quiet는 '조용한'이라는 뜻의 **형용사**로 [콰이어트]라고 발음한다.

고르기

C 다음 괄호 안에서 알맞은 말을 고르세요.

1 (1) The car climbs up the hill (slow / slowly).

(2) The turtle is a (slow / slowly) animal.

2 (1) They live (happy / happily) together.

(2) They are (happy / happily) children.

3 (1) Is this story (sad / sadly)?

(2) Do you act (sad / sadly) on the stage?

climb 오르다
hill 언덕
act 연기하다; 행동하다
stage 무대
library 도서관

4 (1) He studies (quiet / quietly) in the library.

(2) You are very (quiet / quietly) today.

13

주의해야 할 부사

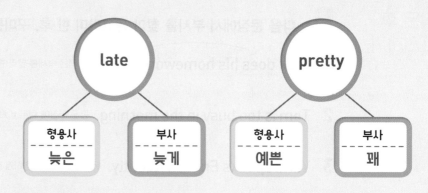

late → 형용사 늦은 / 부사 늦게

pretty → 형용사 예쁜 / 부사 꽤

▶ 형용사와 부사의 형태가 같은 경우

형용사	late 늦은	early 이른	fast 빠른	high 높은	near 가까운	long 오랜, 긴	deep 깊은
부사	late 늦게	early 일찍	fast 빠르게	high 높게	near 가까이	long 오래	deep 깊게

I have an early class. 나는 이른 수업이 있다. [명사 수식 – 형용사]
My class starts early. 내 수업은 일찍 시작한다. [동사 수식 – 부사]

▶ 형태는 같으나 뜻이 다른 경우

┌ pretty [형용사] 예쁜   **She is pretty.** 그녀는 예쁘다.
└ pretty [부사] 꽤, 어느 정도 **She is pretty smart.** 그녀는 꽤 똑똑하다. [형용사 smart 수식]
┌ hard [형용사] ┌어려운   **The exam is hard.** 그 시험은 어렵다.
│   └딱딱한   **I don't like a hard bed.** 나는 딱딱한 침대를 싫어한다.
└ hard [부사] 열심히   **I study hard.** 나는 열심히 공부한다. [동사 study 수식]

고르기

 다음 밑줄 친 말의 역할에 해당하는 것에 체크(✔)하세요.

형용사 　 부사

1 (1) It is <u>hard</u> work. ☐ ☐
　　(2) My wife works <u>hard</u>. ☐ ☐

2 (1) She has a <u>pretty</u> sister. ☐ ☐
　　(2) Her sister is <u>pretty</u> unkind. ☐ ☐

3 (1) I want to stay <u>long</u> here. ☐ ☐
　　(2) An elephant has a <u>long</u> trunk. ☐ ☐

wife 아내
want to ∼하고 싶다
stay 머무르다
trunk 코끼리의 코;
나무의 몸통; (자동차의)
트렁크

빈칸 채우기 **B** 다음 우리말과 같도록 빈칸에 알맞은 부사를 골라 쓰세요.

early	deep	pretty	hard	high

1 She studies _____ in class. 그녀는 수업 중에 **열심히** 공부한다.

2 You have a _____ good idea! 당신에게는 **꽤** 좋은 생각이 있군요!

3 Workers dig holes _____ enough. 일꾼들이 구멍을 충분히 **깊게** 판다.

worker 노동자, 일꾼
dig (구멍 등을) 파다
hole 구멍
enough 충분히
overhead 머리 위에

4 The bus comes five minutes _____ . 그 버스는 5분 **일찍** 온다.

5 An eagle is flying _____ overhead. 독수리 한 마리가 머리 위에서 **높이** 날고 있다.

우리말 완성하기 **C** 다음 밑줄 친 부분에 유의하여 각 문장의 우리말을 완성하세요.

1 (1) Our school is <u>near</u>. → 우리 학교는 _____ .

(2) Our grandmother lives <u>near</u>. → 우리 할머니는 _____ .

2 (1) She gets up <u>late</u> in the morning. → 그녀는 아침에 _____ .

(2) I am <u>late</u> for work every day. → 나는 매일 직장에 _____ .

3 (1) The player throws the ball <u>fast</u>. → 그 선수는 공을 _____ .

(2) He is a <u>fast</u> runner. → 그는 _____ .

work 직장; 일하다
runner 달리기 선수
(run 달리다)
show 쇼

4 (1) The show starts <u>early</u>. → 그 쇼는 _____ .

(2) Our family has an <u>early</u> dinner. → 우리 가족은 _____ .

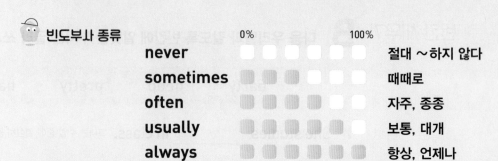

14

빈도부사

빈도부사 종류

	0%					100%	
never							절대 ~하지 않다
sometimes							때때로
often							자주, 종종
usually							보통, 대개
always							항상, 언제나

빈도부사 위치

주어 + be동사 + 빈도부사

주어 + 빈도부사 + 일반동사

▶ 빈도부사는 어떤 행동을 '얼마나 자주' 하는지 말할 때 사용하는 부사이다.

▶ 빈도부사는 be동사 뒤, 일반동사 앞에 위치한다.
I **am** always **lucky.** 나는 항상 운이 좋다.
I always **skip** breakfast. 나는 항상 아침을 거른다.

Plus Tip
횟수를 구체적으로 표현하고 싶을 때는 다음과
같은 표현을 쓸 수 있다.
ex. once 한 번 / twice 두 번(= two times)

찾은 후
연결하기

A 다음 문장에서 빈도부사를 찾아 동그라미 하고, 해당하는 뜻을 찾아 연결하세요.

1 I (often) play badminton. •

• a 항상, 언제나

2 Kate never lies to me. •

• b 종종, 자주

3 She is always kind to us. •

• c 때때로

4 Max usually goes to bed at 10. •

• d 절대 ~하지 않다

badminton 배드민턴
lie 거짓말하다; 거짓말
go fishing
낚시하러 가다

5 He sometimes goes fishing. •

• e 보통, 대개

고르기

B 다음 괄호 안에 주어진 빈도부사가 들어갈 위치로 알맞은 곳을 고르세요.

1 (always)　　The Moon ① shines ② at night ③. 달은 항상 밤에 빛난다.

2 (never)　　My room ① is ② messy ③. 내 방은 절대 지저분하지 않다.

3 (often)　　I ① go to ② the shopping mall ③. 나는 자주 쇼핑몰에 간다.

4 (sometimes)　Explorers ① discover ② new ③ lands.
탐험가들은 때때로 새로운 땅을 발견한다.

5 (usually)　　My sister ① is ② at home ③ on weekends.
나의 여동생은 보통 주말마다 집에 있다.

shine 빛나다
messy
지저분한, 엉망인
explorer 탐험가
discover 발견하다
land 땅, 육지

빈칸 채워
문장
완성하기

C 다음 우리말과 같도록 주어진 동사와 빈도부사를 이용하여 문장을 완성하세요.

1 그들은 **종종** 우리를 방문한다. (visit)
→ They ___often___ ___visit___ us.

2 우리는 **가끔** 실수를 한다. (make)
→ We _____ _____ mistakes.

3 그 문은 **항상** 열려 있다. (is)
→ The door _____ _____ open.

4 학교는 **대개** 안전하다. (are)
→ Schools _____ _____ safe.

> **Plus Tip**
> make와 take는 특정 명사와 함께 쓰이면 '~하다'라는 뜻이 된다.
> *ex.* make a mistake 실수하다
> 　　make an appointment 약속하다
> 　　take a shower 샤워하다
> 　　take a walk 산책하다

Tip!
make a mistake
실수하다
Africa 아프리카

5 아프리카에는 **전혀** 눈이 오지 않는다. (snows)
→ It _____ _____ in Africa.

Wrap-up Test

1~2 다음 중 형용사와 부사가 잘못 짝지어진 것을 고르세요.

1
① sad – sadly
② heavy – heavily
③ quick – quickly
④ kind – kindly
⑤ careful – carefuly

2
① late(늦은) – late(늦게)
② busy(바쁜) – busily(바쁘게)
③ hard(어려운, 딱딱한) – hardly(열심히)
④ clear(명확한, 분명한) – clearly(명확하게)
⑤ early(이른) – early(일찍)

3 다음 밑줄 친 부분의 쓰임이 나머지와 다른 것을 고르세요.

① Mike is an <u>excellent</u> runner.
② Jenny plays the violin <u>quite</u> well.
③ The jacket is <u>too</u> big for me.
④ He usually comes home <u>late</u>.
⑤ My math teacher is <u>really</u> clever.

4~5 다음 빈칸에 알맞지 <u>않은</u> 것을 고르세요.

4
Tony always walks _____.

① fast
② quickly
③ slowly
④ quietly
⑤ good

5
The movie is _____ exciting.

① so
② to
③ really
④ quite
⑤ very

6~7 다음 빈칸에 들어갈 말이 바르게 짝지어진 것을 고르세요.

6
Jeremy is a _____ driver.
= Jeremy drives _____.

① safe – safe
② safe – safely
③ safely – safe
④ safely – safely
⑤ safely – safily

7
· She answers the question _____.
· Andy dances _____ on the stage.
· It is _____ cold outside.

① easy – beautiful – too
② easy – beautifully – very
③ easily – beautiful – too
④ easily – beautiful – very
⑤ easily – beautifully – too

8 다음 중 밑줄 친 부분이 **틀린** 문장의 개수를 고르세요.

> ⓐ Do kangaroos jump <u>highly</u>?
> ⓑ Davis <u>sometimes skips</u> breakfast.
> ⓒ My best friend lives <u>near</u>.
> ⓓ They <u>never are</u> angry at me.

① 0개 ② 1개 ③ 2개

④ 3개 ⑤ 4개

9 다음 문장에서 often이 들어갈 위치로 알맞은 곳을 고르세요.

> ① I ② go ③ to ④ the mall ⑤ with my mom.

10~11 다음 중 틀린 문장을 고르세요.

10
① This skirt is too tight for me.
② She calls my name loudly.
③ Sally draws me perfectly.
④ He plays the drums pretty well.
⑤ My grandma goes to bed earlily.

11
① Kevin lies never to me.
② Andy always talks quietly.
③ The museum is usually closed.
④ I often take taxis with my mom.
⑤ He is sometimes late for school.

12~13 다음 문장에서 **틀린** 부분을 찾아 바르게 고쳐 문장을 다시 쓰세요.

12

> My brother eats never carrots.

→ _____

13

> Shaun and Lucy live happy together.

→ _____

14~15 다음 우리말과 같도록 주어진 말을 바르게 배열하여 문장을 완성하세요.

14 그들은 역사 시험에 대비해 매우 열심히 공부한다. (very, study, hard, they)

→ _____

for the history test.

15 나의 삼촌은 항상 부지런하다.
(is, always, diligent, my uncle)

→ _____

Unit 3~4

Grammar Map

형용사

명사를 꾸며주는 역할

관사 / 소유격 / 지시형용사 / 숫자 + 형용사 + 명사

주어를 설명하는 역할

주어 + be동사 + 1 ______

다양한 형용사			
pretty ↔ ugly	strong ↔ 2 ______	dry ↔ wet	3 ______ ↔ dirty
fast ↔ slow	full ↔ empty	busy ↔ free	4 ______ ↔ light
easy ↔ difficult	poor ↔ 5 ______	happy ↔ sad	fat ↔ thin

부사

동사 ← 부사 (-ly) → 형용사 / 부사

→ 주로 '~(하)게'로 해석

형용사 = 부사	late 늦은/늦게 fast 빠른/빨리	6 ______ 이른/일찍 near 가까운/가까이	long 긴/오래 deep 깊은/깊게
빈도부사	7 ______ 〈 sometimes 〈 often 〈 usually 〈 8 ______		

→ be동사 뒤, 일반동사 앞에 위치

정답 | 1 형용사 2 weak 3 clean 4 heavy 5 rich 6 early 7 never 8 always

1 다음 중 나머지와 성격이 <u>다른</u> 하나를 고르세요.

① nicely   ② quickly   ③ lovely
④ happily   ⑤ carefully

2 다음 중 짝지어진 반대말이 <u>틀린</u> 것을 고르세요.

① dry ↔ wet   ② hard ↔ soft
③ clean ↔ dirty   ④ busy ↔ strong
⑤ full ↔ empty

3 다음 중 밑줄 친 형용사의 역할이 <u>다른</u> 것을 고르세요.

① I am <u>alone</u> on weekends.
② This is an <u>exciting</u> game.
③ My son has <u>brown</u> hair.
④ Amy knows a <u>funny</u> story.
⑤ She is a <u>beautiful</u> princess.

4 다음 중 형용사와 부사가 <u>잘못</u> 짝지어진 것을 고르세요.

① fast(빠른) – fast(빨리)
② real(진짜의) – really(정말로)
③ easy(쉬운) – easily(쉽게)
④ late(늦은) – lately(늦게)
⑤ quick(빠른) – quickly(빠르게)

5 다음 우리말과 같도록 괄호 안에 주어진 말이 들어갈 위치로 알맞은 곳을 고르세요.

Five ① plates ② are ③ on ④ that ⑤ table. (round)
다섯 개의 접시가 저 동그란 식탁 위에 있다.

서술형

6 다음 우리말과 같도록 주어진 말을 알맞은 자리에 넣어 문장을 다시 쓰세요.

My mom wears my scarf. (often)
나의 엄마는 종종 내 목도리를 두른다.

→ _____

7~8 다음 빈칸에 알맞지 <u>않은</u> 것을 고르세요.

7

These boxes are _____ heavy.

① so   ② to   ③ quite
④ very   ⑤ really

8

Mr. White is _____ .

① young   ② very healthy
③ an honest man   ④ a famous cook
⑤ English my teacher

9~10 다음 밑줄 친 부분이 틀린 것을 고르세요.

9 ① Jin sees <u>that green turtle</u>.

② Our school has <u>a low wall</u>.

③ <u>An old lady</u> talks to me.

④ I have <u>good three</u> friends.

⑤ December is <u>my favorite month</u>.

10 ① My cousin lives <u>near</u> my house.

② He always goes to work <u>early</u>.

③ We practice dancing <u>hard</u>.

④ Anne is <u>late</u> for the class.

⑤ An eagle flies <u>highly</u> in the sky.

서술형
11 다음 문장에서 틀린 부분을 찾아 바르게 고쳐 문장을 다시 쓰세요.

> I don't wear yellow this skirt.
> 나는 이 노란색 치마를 입지 않는다.

→ _____

서술형
12 다음 우리말과 같도록 빈칸에 공통으로 들어갈 말을 쓰세요.

> • Lucy has a _____ daughter.
> 루시는 예쁜 딸이 있다.
> • Her daughter is _____ brave.
> 그녀의 딸은 꽤 용감하다.

13 다음 그림을 보고, 빈칸에 들어갈 말이 바르게 짝지어진 것을 고르세요.

> The red cap is _____, and the blue cap is _____.

① slow – fast   ② busy – free

③ weak – strong   ④ light – heavy

⑤ cheap – expensive

14 다음 중 틀린 문장을 고르세요.

① Their window is never open.

② I usually take a shower at night.

③ Tim goes sometimes camping.

④ We often make mistakes.

⑤ He is always free on Saturday.

서술형
15 다음 두 문장의 뜻이 같도록 빈칸에 알맞은 말을 쓰세요.

> He is a polite worker.
> = The worker _____ _____.

16 다음 빈칸에 들어갈 말이 바르게 짝지어진 것을 고르세요.

> · Ian is _____ busy in the morning.
> · A strange man shouts _____.
> · My grandparents live _____ here.

① too – loud – long
② too – loudly – long
③ very – loud – long
④ very – loudly – longly
⑤ so – loudly – longly

17~18 다음 우리말과 같도록 주어진 말을 바르게 배열하여 문장을 완성하세요.

서술형
17 이것은 매우 어려운 문제이다.
(problem, a, difficult, very)

→ This is _____ .

서술형
18 세 마리의 큰 코끼리가 들판에 있다.
(elephants, are, big, three)

→ _____ in the field.

---

19 다음 Jenny의 일정표를 보고, 빈칸에 알맞은 빈도부사를 넣어 문장을 완성하세요.

	월	화	수	목	금	토
have breakfast	○	○	○	○	○	○
go to the gym	×	○	×	×	○	×
play the piano	×	×	×	×	×	×

> never   sometimes   always

(1) Jenny _____ has breakfast.
(2) Jenny _____ _____ to the gym.
(3) Jenny _____ _____ the piano.

---

20 다음 우리말을 영어로 옮길 때 빈칸에 알맞은 부사를 쓰세요.

> 톰은 아침에 늦게 일어난다. 그는 학교에 빨리 걸어간다. 그는 학교에서 꽤 열심히 공부한다. 그는 집에 일찍 온다.

↓

> Tom gets up _____ in the morning. He walks to school _____. He studies _____ hard at school. He comes home _____.

5 조동사

개념 미리 보기

- 조동사는 동사 앞에 쓰여 동사에 의미를 더해주는 말이에요. '가다'는 go이지만 '갈 수 있다'는 go 앞에 can을 붙여 can go라고 써요.

- 부정문을 만들 때는 조동사 뒤에 not을 붙이고, 의문문을 만들 때는 조동사를 문장의 맨 앞에 써요.

펼쳐 보기

조동사의 종류

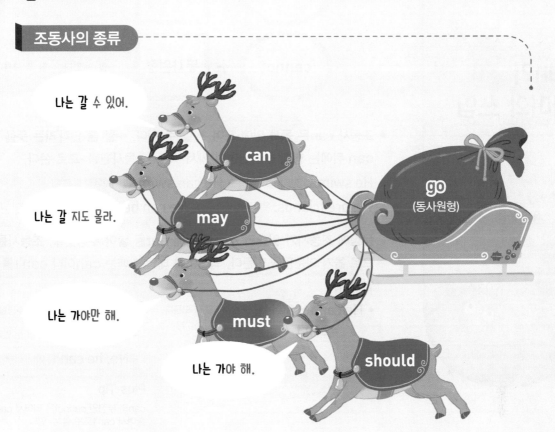

나는 갈 수 있어.   **can**

나는 갈 지도 몰라.   **may**

go
(동사원형)

나는 가야만 해.   **must**

나는 가야 해.   **should**

조동사의 부정문과 의문문

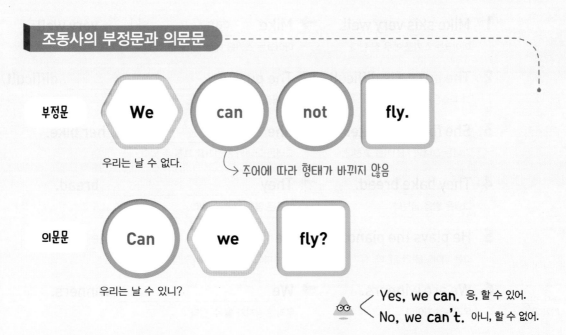

부정문   **We**   **can**   **not**   **fly.**

우리는 날 수 없다.

↳ 주어에 따라 형태가 바뀌지 않음

의문문   **Can**   **we**   **fly?**

우리는 날 수 있니?

Yes, we **can.** 응, 할 수 있어.
No, we **can't.** 아니, 할 수 없어.

15

can의 의미와 쓰임

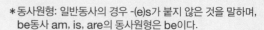

*동사원형: 일반동사의 경우 -(e)s가 붙지 않은 것을 말하며, be동사 am, is, are의 동사원형은 be이다.

can + 동사원형 : ~할 수 있다, ~할 줄 안다

cannot + 동사원형 : ~할 수 없다, ~할 줄 모른다

▶ 조동사 can은 동사 앞에 쓰여 '~할 수 있다, ~할 줄 안다'라는 뜻을 더해주며, can 뒤에는 항상 동사원형이 와서 <can+동사원형>으로 쓴다.

He swims. 그는 수영한다. → He can swim. 그는 수영할 줄 안다.

We are friends. 우리는 친구다. → We can be friends. 우리는 친구가 될 수 있다.

▶ 문장에 조동사가 있으면 조동사 뒤에 not을 넣어 부정문을, 조동사를 주어 앞으로 옮겨 의문문을 만든다. 의문문에 대답할 때는 can이나 can't를 이용해서 답한다.

• He **cannot** swim. 그는 수영할 줄 모른다.
  = can't

• **Can** he swim? 그는 수영할 줄 아니?
  - Yes, he **can**. 응, 할 수 있어.
  - No, he **can't**. 아니, 못해.

Plus Tip
can의 부정인 cannot은 띄어서 can not이나 줄여서 can't로도 쓸 수 있다.

빈칸 채우기 A 다음 밑줄 친 부분을 조동사 can을 이용하여 형태를 바꿔 빈칸을 채우세요.

1 Mike skis very well. → Mike ___can___ ___ski___ very well.
   마이크는 스키를 매우 잘 탄다.   마이크는 스키를 매우 잘 탈 수 있다.

2 The puzzle is difficult. → The puzzle _____ _____ difficult.
   그 퍼즐은 어렵다.   그 퍼즐은 어려울 수 있다.

3 She fixes her bike. → She _____ _____ her bike.
   그녀는 그녀의 자전거를 고친다.   그녀는 그녀의 자전거를 고칠 수 있다.

4 They bake bread. → They _____ _____ bread.
   그들은 빵을 굽는다.   그들은 빵을 구울 수 있다.

5 He plays the piano. → He _____ _____ the piano.
   그는 피아노를 연주한다.   그는 피아노를 연주할 수 있다.

6 We are winners. → We _____ _____ winners.
   우리는 승자이다.   우리는 승자가 될 수 있다.

ski 스키를 타다; 스키
puzzle 퍼즐
winner 승자, 이긴 사람(win 이기다)

골라 쓰기 **B** 다음 문장의 빈칸에 can과 cannot 중 알맞은 말을 쓰세요.

1 I ___cannot___ drive a car. My father ___can___ drive a car.

2 Chickens _____ fly. Eagles _____ fly.

3 Men _____ think. Machines _____ think.

4 Cheetahs _____ run fast. Elephants _____ run fast.

5 Dogs _____ climb a tree. Monkeys _____ climb a tree.

6 Fish _____ live on land. Frogs _____ live in water and on land.

eagle 독수리
man 인간, 사람
think 생각하다
machine 기계
on land 땅 위에서
in water 물속에서

주어진 말 이용하여 대화 완성하기 **C** 다음 주어진 말을 이용하여 의문문을 완성하고, 괄호 안에서 알맞은 말을 고르세요.

1 A ___Can he move the table?___ (move the table)
   B Yes, he ((can) / can't).

2 A _____ (make spaghetti)
   B Yes, I (can / can't).

3 A _____ (speak Chinese)
   B No, they (can / can't).

4 A _____ (swim in the ocean)
   B No, she (can / can't).

5 A _____ (do magic)
   B Yes, I (can / can't).

move 옮기다
spaghetti 스파게티
ocean 바다, 대양
magic 마술
without ~ 없이

6 A _____ (live without water)
   B No, they (can / can't).

16

may의 의미와 쓰임

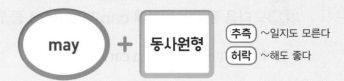

추측 ~일지도 모른다
허락 ~해도 좋다

▶ 조동사 may는 동사 앞에 쓰여 '~일지도 모른다,' '~해도 좋다'라는 뜻을 더해주며, <may+동사원형>으로 쓴다.
He may **come** early. 그는 일찍 올지도 모른다. [추측]
You may **sit** down here. 너는 여기 앉아도 좋다. [허락]

▶ '~가 아닐지도 모른다,' '~하면 안 된다'라는 뜻의 부정문은 may 뒤에 not을 붙여 may not으로 쓴다.
He **may not** come early. 그는 일찍 오지 않을지도 모른다. [추측]
You **may not** sit down here. 너는 여기 앉으면 안 된다. [허락]

▶ '제가 ~해도 되나요?'라는 뜻으로 쓰여 다른 사람에게 '허락'을 구할 때는 조동사 may를 주어인 I 앞으로 옮겨 <May I+동사원형 ~?>의 형태로 쓴다.
May I come in? 제가 들어가도 되나요?
- Of course. / Sure. / Yes, you can[may]. [긍정]
- No, you can't[may not]. [부정]

빈칸 채우기  다음 밑줄 친 부분을 조동사 may를 이용하여 형태를 바꿔 빈칸을 채우세요.

1 He <u>is</u> a designer. → He <u> may </u> <u> be </u> a designer.
그는 디자이너이다. 그는 디자이너일지도 모른다.

2 It <u>snows</u>. → It _____ _____ tomorrow.
눈이 온다. 내일 눈이 올지도 모른다.

3 You <u>watch</u> TV. → You _____ _____ TV tonight.
너는 TV를 본다. 너는 오늘 밤 TV를 봐도 된다.

4 The rumor <u>is</u> true. → The rumor _____ _____ true.
그 소문은 사실이다. 그 소문은 사실일지도 모른다.

5 <u>Do</u> I <u>try</u> on this hat? → _____ I _____ on this hat?
제가 이 모자를 써 보나요? 제가 이 모자를 써 봐도 되나요?

6 <u>I'm not</u> at home now. → I _____ _____ _____ at home today.
나는 지금 집에 없다. 나는 오늘 집에 없을지도 모른다.

designer 디자이너
rumor 소문
try on (옷 등을 시험 삼아) 입어보다

고르기

B 다음 괄호 안에서 알맞은 말을 고르세요.

1 He always smiles at me. He (may / may not) like me.

2 It is cloudy now. It (may / may not) rain in the evening.

3 You (may / may not) bring your dog. Dogs can't enter here.

4 He lies a lot. He (may / may not) tell the truth.

bring 데리고 오다
lie 거짓말하다; 거짓말
a lot 많이
truth 진실, 사실
hurry up 서두르다
miss 놓치다
ticket 티켓, 표

5 Hurry up! We (may / may not) miss the train.

6 A May I see your ticket, please?
   B Yes, you (may / may not).

우리말
완성하기

C 다음 밑줄 친 부분에 유의하여 각 문장의 우리말을 완성하세요.

Tip!

1 It <u>may not be</u> a good idea.

→ 그것은 좋은 생각이 _____ 아닐지도 모른다 _____ .

> **Plus Tip**
> may not의 부정은 줄여서
> 쓸 수 없고, 붙여서도 쓰지
> 않는다.
> mayn't (×) maynot (×)

2 You <u>may use</u> the restroom.

→ 당신은 화장실을 _____ .

3 <u>May I eat</u> a piece of cake?

→ 제가 케이크 한 조각을 _____ ?

4 It's 8:45 now. <u>I may be late</u> for school.

→ 지금은 8시 45분이다. 나는 학교에 _____ .

5 You <u>may not know</u> Kelly. She is a new student.

use 사용하다
restroom 화장실

→ 너는 켈리를 _____ . 그녀는 새로운 학생이다.

17

must,
have to의
의미와 쓰임

must	=	have to
의무 ～해야 한다		의무 ～해야 한다

must not	≠	don't have to
금지 ～하면 안 된다		불필요 ～할 필요가 없다

▶ 조동사 must는 동사 앞에 쓰여 '～해야 한다'라는 '의무'의 뜻을 더하며 have (has) to와 바꿔 쓸 수 있다.

• I <u>must</u> **study** hard. 나는 열심히 공부해야 한다. • She <u>must</u> **study** hard.
   = have to   = has to

▶ must는 뒤에 not을, have to는 앞에 don't나 doesn't를 넣어 부정문을 만든다. must와 have(has) to의 부정문은 뜻이 달라 서로 바꿔 쓸 수 없다.

She **must not** eat too much meat. 그녀는 너무 많은 고기를 먹어서는 안 된다.

≠ She **doesn't have to** eat too much meat. 그녀는 너무 많은 고기를 먹을 필요가 없다.

Plus Tip
must not은 줄여서 mustn't로 쓸 수 있다.

고르기　　　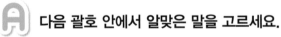 **다음 괄호 안에서 알맞은 말을 고르세요.**

1 We (must / must not) tell a lie.

2 Jack has a cold. He (must / must not) go outside.

3 You (must / must not) stop at a red light.

4 Teenagers (must / must not) drink beer.

5 We (must / must not) follow the traffic rules.

6 Students (must / must not) chat with their friends in class.

tell a lie
거짓말을 하다

have a cold 감기에
걸리다(cold 감기)

light (불)빛

teenager 십대

beer 맥주

traffic 교통

rule 규칙

chat with
～와 떠들다

바꿔 쓰기 B 다음 문장의 밑줄 친 말을 두 단어로 바꿔 쓰세요.

1 I <u>must</u> study for the test tomorrow. → _____ _____
나는 내일 시험을 위해서 공부해야 한다.

2 You <u>must</u> throw trash into a trash can. → _____ _____
너는 쓰레기를 쓰레기통에 버려야 한다.

3 Scott <u>must</u> get there by 5 o'clock. → _____ _____
스콧은 5시까지 그곳에 도착해야 한다.

4 He <u>must</u> eat heathy foods a lot. → _____ _____
그는 건강에 좋은 음식을 많이 먹어야 한다.

trash can
휴지통(trash 쓰레기)

healthy
건강에 좋은; 건강한

5 We <u>must</u> read three books tonight. → _____ _____
우리는 오늘 밤 세 권의 책을 읽어야 한다.

빈칸 채우기 C 다음 우리말과 같도록 빈칸에 알맞은 말을 [보기]에서 골라 쓰세요.

보기		
must not	don't have to	doesn't have to

1 You _____ wait for me. 너는 나를 기다릴 필요가 없다.

2 I _____ go to work tomorrow. 나는 내일 일하러 갈 필요가 없다.

3 Jason _____ eat all the cake. 제이슨은 그 케이크를 다 먹을 필요가 없다.

4 You _____ take pictures here. 너희들은 여기에서 사진을 찍으면 안 된다.

wait for
~을 기다리다

take a picture
사진을 찍다

worry about
~에 대해 걱정하다

roller coaster
롤러코스터

5 Mina _____ worry about this. 미나는 이것에 대해 걱정할 필요가 없다.

6 You _____ stand up on the roller coaster.
너는 롤러코스터에서 일어서면 안 된다.

18

should의 의미와 쓰임

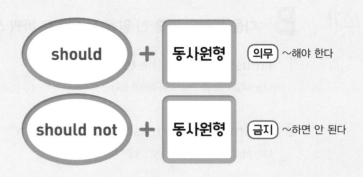

| should | + | 동사원형 | 의무 ~해야 한다 |
| should not | + | 동사원형 | 금지 ~하면 안 된다 |

▶ 조동사 should는 동사 앞에 쓰여 '~해야 한다'라는 '의무'의 뜻을 더한다.

You should go to bed early. 너는 일찍 자야 한다.

▶ should 뒤에 not을 넣으면 '~하면 안 된다'라는 '금지'의 뜻을 나타내고,
should not은 shouldn't로 줄여 쓸 수 있다.

We should not eat fast food. 우리는 패스트푸드를 먹으면 안 된다.
    = shouldn't

Plus Tip

should와 must의 차이
should는 '~하는 것이 좋겠다'는 뜻으로 충고하는 내용을 전하는 반면, must는 '반드시 ~해야 한다'는 뜻으로 지시하는 내용을 전달한다.

고르기   **A**   다음 괄호 안에서 알맞은 말을 고르세요.

1 You look tired. You (should / shouldn't) take a rest.

2 He has a cold. He (should / shouldn't) play outside.

3 We are late for the meeting. We (should / should not) take a taxi.

4 I have a pet dog. I (should / should not) buy a doghouse.

5 You (should / should not) drink coffee. It isn't good for you.

6 They are in the museum. They (should / shouldn't) run there.

7 You are a member now. You (should / shouldn't) follow our rules.

8 My parents aren't at home. I (should / shouldn't) take care of my little brother.

take a rest
휴식을 취하다
doghouse 개집
member 회원
take care of 돌보다

그림 보고
빈칸 채우기

B 다음 그림을 보고, 알맞은 말을 골라 should나 shouldn't를 이용하여 빈칸을 채우세요.

| smoke | enter the cages | talk loudly | stand in line |

1 You <u>shouldn't</u> <u>smoke</u> here.

2 You _____ _____ in the library.

3 You _____ _____ at the bus stop.

4 You _____ _____ in the zoo.

cage (동물의) 우리
bus stop 버스 정류장

고쳐 쓰기

C 다음 우리말과 같도록 밑줄 친 부분을 바르게 고쳐 쓰세요.

1 We <u>should throw</u> trash on the street.
우리는 길에 쓰레기를 버리면 안 된다.
→ <u>should not(shouldn't) throw</u>

2 You <u>should uses</u> sunblock in summer.
너는 여름에 자외선 차단 크림을 발라야 한다.
→ _____

3 Children <u>should go not</u> out at night.
어린이들은 밤에 외출하지 않아야 한다.
→ _____

4 You <u>should not take</u> your umbrella.
너는 네 우산을 가져가야 한다.
→ _____

sunblock
자외선 차단 크림
take 가지고 가다
hallway 복도

5 You <u>not should run</u> in the hallway.
너희들은 복도에서 뛰지 말아야 한다.
→ _____

Wrap-up Test

1~3 다음 우리말과 같도록 빈칸에 알맞은 것을 고르세요.

1

Cheetahs _____ run really fast.

치타는 정말 빠르게 달릴 수 있다.

① can   ② may   ③ must
④ should   ⑤ have to

2

You _____ wear a seat belt.

너는 안전벨트를 매야 한다.

① may   ② must   ③ can
④ has to   ⑤ does

3

She _____ buy new jeans.

그녀는 새 청바지를 살 필요가 없다.

① cannot   ② must not
③ should not   ④ don't have to
⑤ doesn't have to

4 다음 빈칸에 들어갈 말이 바르게 짝지어진 것을 고르세요.

• Snakes can _____ dangerous.
• She can _____ two languages.

① is – speak   ② is – speaks
③ be – speak   ④ be – speaks
⑤ are – speak

5 다음 밑줄 친 부분이 틀린 것을 고르세요.

① You <u>may sit</u> down here.
② You <u>must finish</u> the work.
③ You <u>should not bring</u> your pets.
④ He <u>has to brushes</u> his teeth.
⑤ We <u>don't have to</u> go there.

6 다음 대화의 빈칸에 알맞지 <u>않은</u> 것을 고르세요.

A May I take pictures here?
B _____

① Sure.   ② Of course.
③ Yes, you may.   ④ No, you mayn't.
⑤ No, you may not.

7 다음 우리말과 같도록 빈칸에 들어갈 말이 바르게 짝지어진 것을 고르세요.

• Lucas _____ be in the room.
루카스는 방에 없을지도 모른다.
• Students _____ use their mobile phones in class.
학생들은 수업 중에 휴대전화를 사용하면 안 된다.

① may – don't have to
② may not – should
③ may not – must not
④ should – may not
⑤ should not – should not

8 다음 중 수영장에서 지켜야 할 규칙으로 알맞지 않은 것을 고르세요.

① You must not eat in the pool.
② You must not swim in the pool.
③ You must not run around the pool.
④ You must not dive into the pool.
⑤ You must wear your swimming cap.

9 다음 중 조동사 must에 대한 설명이 틀린 것을 고르세요.

① must는 '~해야 한다'라는 의미이다.
② must는 have to로 바꿔 쓸 수 있다.
③ must의 부정형은 must not이다.
④ must not은 mustn't로 줄여 쓸 수 있다.
⑤ must not은 '~할 필요가 없다'라는 의미이다.

[10~11] 다음 대화의 빈칸에 알맞은 것을 고르세요.

10
A Can he ride a roller coaster?
B _____

① No, he isn't.   ② No, he doesn't.
③ No, he can't.   ④ No, he can.
⑤ No, he cann't.

11
A I have a toothache.
B You _____ go to the dentist.

① have to   ② has to
③ must not   ④ should not
⑤ don't have to

12 다음 두 문장의 뜻이 같도록 빈칸에 알맞은 말을 쓰세요.

He must tell the truth.
= He _____ _____ tell the truth.

[13~14] 다음 우리말과 같도록 주어진 말을 바르게 배열하여 문장을 완성하세요.

13 그들은 줄을 설 필요가 없다.
(have to, they, don't, stand in line)
→ _____

14 너는 밖에서 놀아도 된다.
(play, you, outside, may)
→ _____

15 다음 우리말과 같도록 A와 B에서 알맞은 것을 하나씩 골라 문장을 완성하세요.

너희들은 빨간불에서 길을 건너면 안 된다.

A	B
can	cross
should	stand
have to	stop

→ You _____ _____ _____ the street at a red light.

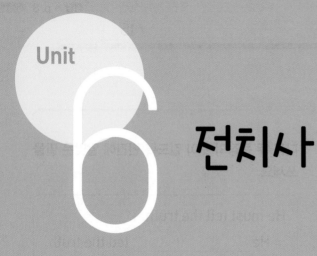

Unit

6

전치사

개념 미리 보기

• 전치사는 시간, 위치, 방향을 나타낼 때 쓰는 말로, at(~에), under(~ 아래), to(~으로) 등이 전치사예요.

• 전치사는 명사나 대명사 앞에 써요. '7시'는 **at** seven, '책상 아래'는 **under** the desk, '공원으로'는 **to** the park라고 쓴답니다.

펼쳐 보기

시간

at   four ten

on   Sunday
on   July 4th

in   spring
in   May

위치

behind

in

in front of   next to   under   between

on

방향

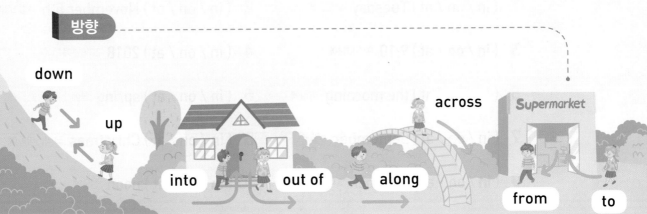

down

up

into   out of   along

across

from   to

19

시간을 나타내는 전치사

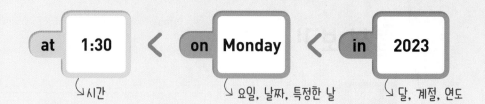

at 1:30	<	on Monday	<	in 2023
↳시간		↳요일, 날짜, 특정한 날		↳달, 계절, 연도

▶ 시간을 나타내는 명사 앞에 전치사 at, on, in을 쓰면 '~에'라는 뜻을 나타내는데, 각각의 뒤에 오는 명사의 종류가 다르다.

at twelve 12시에	**at six o'clock** 6시 정각에	**at two thirty** 2시 30분에
on Sunday 일요일에	**on May 29th** 5월 29일에	**on Christmas** 크리스마스에
in March 3월에	**in summer** 여름에	**in 2025** 2025년에

▶ 하루의 일과(오전, 오후, 저녁, 밤)를 나타낼 때 in과 at을 쓰는데, at보다 in이 시간이 더 길 경우에 쓰인다.

in the morning 아침에	**in the afternoon** 오후에	**in the evening** 저녁에
at noon 정오[낮 12시]에	**at night** 밤에	**at midnight** 자정[밤 12시]에

▶ 시간을 나타내는 말이 함께 쓰였을 때는 앞에 오는 명사에 전치사를 맞춘다.

on Sunday morning 일요일 아침에 　　　　　**at** 7 in the evening 저녁 7시에

Plus Tip

연도는 두 자리씩 끊어 읽는데, 2000년부터는 두 가지 방법이 있다.
- 1890　eighteen ninety (18/90)
- 2030　two thousand thirty 또는 twenty thirty (20/30)

고르기　 다음 괄호 안에서 알맞은 전치사를 고르세요.

1 (in / on / at) Tuesday 화요일에　　　　**2** (in / on / at) November 5th 11월 5일에

3 (in / on / at) 9:10 9시 10분에　　　　**4** (in / on / at) 2018 2018년에

5 (in / on / at) the morning 아침에　　　**6** (in / on / at) spring 봄에

7 (in / on / at) September 9월에　　　**8** (in / on / at) Christmas 크리스마스에

9 (in / on / at) 3 o'clock 3시 정각에　　**10** (in / on / at) noon 정오에

11 (in / on / at) the evening 저녁에　　**12** (in / on / at) night 밤에

빈칸 채우기 B) 다음 문장의 빈칸에 알맞은 전치사를 쓰세요.

1 Alice gets up _____ seven o'clock. 엘리스는 7시 정각에 일어난다.

2 I was born _____ 2015. 나는 2015년에 태어났다.

3 My mom listens to the radio _____ the morning.
나의 엄마는 아침에 라디오를 듣는다.

4 Leo goes to church _____ Sunday morning.
레오는 일요일 아침에 교회에 간다.

was born 태어났다
(be born 태어나다)

church 교회

favorite
가장 좋아하는

Children's Day
어린이날

5 Ally reads her favorite book in bed _____ night.
앨리는 밤에 침대에서 그녀가 가장 좋아하는 책을 읽는다.

6 We don't have to go to school _____ Children's Day.
우리는 어린이날에 학교에 갈 필요가 없다.

찾은 후 고쳐 쓰기 C 다음 문장에서 전치사를 찾아 동그라미 한 후, 바르게 고쳐 쓰세요.

1 The show begins(in)7 o'clock. → __at__
쇼는 7시 정각에 시작한다.

2 Leaves fall at autumn. → _____
나뭇잎들이 가을에 떨어진다.

3 She visits Japan in July 13th. → _____
그녀는 7월 13일에 일본을 방문한다.

4 Peter enjoys swimming on August. → _____
피터는 8월에 수영하는 것을 즐긴다.

show 쇼

begin 시작하다

leaf 나뭇잎
(복수형 leaves)

fall 떨어지다; 가을

autumn 가을

July 7월

enjoy 즐기다

August 8월

skateboarding
스케이트보드 타기

5 Dave goes skateboarding in Wednesday. → _____
데이브는 수요일에 스케이트보드를 타러 간다.

6 They usually eat lunch in noon. → _____
그들은 보통 정오에 점심을 먹는다.

7 The market closes on 8:30. → _____
시장은 8시 반에 닫는다.

20

위치를 나타내는 전치사

in ~ 안에   **on** ~ 위에   **under** ~ 아래에   **next to** ~ 옆에

in front of ~ 앞에   **behind** ~ 뒤에   **between A and B** A와 B 사이에

▶ be동사 뒤에 <전치사+명사>가 올 경우 be동사는 '(~에) 있다'라는 뜻이 된다.
The dog is in the doghouse. 개가 개집 안에 있다.

그림 보고 고르기

 다음 그림을 보고, 괄호 안에서 알맞은 전치사를 고르세요.

1

Pencils are (behind / on) the table.

2

The cat is (next to / under) the chair.

3

Mike is (in front of / behind) the TV.

4

A bird is (in front of / in) the cage.

5

The boy is (behind / under) the curtain.

6

Amy is (between / in) the doctor and the nurse.

cage (새, 동물의) 우리
curtain 커튼

정답 ● p. 8

고르기   **B** 다음 우리말과 같도록 괄호 안에서 알맞은 말을 고르세요.

1 She is (in / on) her room.
그녀는 그녀의 방 안에 있다.

2 A dice is (behind / under) the desk.
주사위 하나가 책상 아래에 있다.

3 A lion is (in front of / next to) a tiger.
사자 한 마리가 호랑이 옆에 있다.

4 We stand (in front of / between) the theater.
우리는 극장 앞에 서 있다.

5 Some fruits are (on / under) the cake.
몇 가지 과일이 케이크 위에 있다.

dice 주사위
some 약간의, 몇 개의
fruit 과일
station 역
lake 호수

6 The station is (in front of / behind) the lake.
그 역은 호수 뒤에 있다.

빈칸 채우기   **C** 다음 우리말과 같도록 빈칸에 알맞은 말을 쓰세요.

1 Anna sits _____ Tom and me.
애나는 톰과 나 사이에 앉는다.

2 He walks _____ the bridge.
그는 다리 아래에서 걷는다.

3 The butter is _____ the table.
버터는 탁자 위에 있다.

4 Eggs are _____ the refrigerator.
달걀은 냉장고 안에 있다.

bridge 다리
refrigerator 냉장고
restroom 화장실
clothing store
옷 가게

5 The restroom is _____ the clothing store.
화장실은 옷 가게 옆에 있다.

 Aha!

화장실은 bathroom
아니야? restroom하고
어떻게 다른 거야?

bathroom은 '(변기나
욕조가 있는) 화장실'을
뜻하고, restroom은
지하철이나 휴게소 등 공
공장소에 있는 화장실을
뜻해.

아하! 그러면 우리 집
화장실은 bathroom이고
백화점에 있는 화장실은
restroom이겠구나!

Practice Book ↔ p. 88 Go!   Unit 6 전치사 ● **77**

21

방향을 나타내는 전치사

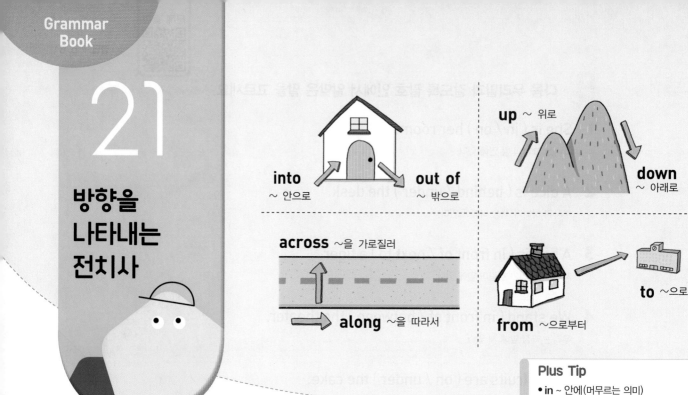

into ~ 안으로

out of ~ 밖으로

up ~ 위로

down ~ 아래로

across ~을 가로질러

along ~을 따라서

from ~으로부터

to ~으로

Plus Tip
- **in** ~ 안에(머무르는 의미)
  into ~ 안으로(이동의 의미)
- **out** ~ 밖에(머무르는 의미)
  out of ~ 밖으로(이동의 의미)

그림 보고
고르기

 다음 그림을 보고, 괄호 안에서 알맞은 전치사를 고르세요.

1

Lina walks (into / out of) the classroom.

Sam walks (into / out of) the classroom.

2

Lina walks (up / down) the stairs.

Sam walks (up / down) the stairs.

3

Lina starts (from / to) the park.

Sam goes (from / to) the park.

4

Lina runs (along / across) the street.

Sam runs (along / across) the street.

stair 계단
start
출발하다; 시작하다
street 도로, 거리

고르기   **B**   다음 우리말과 같도록 빈칸에 알맞은 말을 고르세요.

1 Eric is going _____ the lake.   ① to   ② from
에릭은 호수로 가고 있다.

2 We walk _____ the street.   ① along   ② out of
우리는 길을 따라 걸어간다.

3 A dolphin jumps _____ the water.   ① to   ② into
돌고래 한 마리가 물속으로 뛰어든다.

4 It is far _____ here.   ① from   ② across
그곳은 여기서부터 멀다.

dolphin 돌고래
far 먼
roll 구르다, 굴러가다

5 The ball rolls _____ the hill.   ① up   ② down
그 공이 언덕 아래로 굴러 내려간다.

빈칸 채우기   **C**   다음 우리말과 같도록 빈칸에 알맞은 말을 쓰세요.

1 I dive _____ the sea.
나는 바닷속으로 다이빙한다.

2 Sally walks _____ the playground.
샐리는 운동장을 가로질러 걷는다.

3 We go _____ Jeju-do every summer.
우리는 여름마다 제주도에 간다.

4 He is getting _____ the car.
그는 차 밖으로 내리고 있다.

dive
다이빙하다, 뛰어들다
sea 바다
playground 운동장
squirrel 다람쥐

5 A squirrel runs _____ the tree.
다람쥐 한 마리가 나무 위로 달려 올라간다.

Plus Tip
'~하고 있는 중이다'는 〈be동사＋동사의 -ing〉 형태를 사용해서 나타내요. 따라서 '내리고 있다'는 is getting으로 써요.

Wrap-up Test

1 다음 빈칸에 공통으로 알맞은 것을 고르세요.

> · A ball is _____ the sofa.
> · We play badminton _____ Sunday.

① at   ② on   ③ in
④ to   ⑤ from

2~4 다음 우리말과 같도록 빈칸에 알맞은 것을 고르세요.

2
> The library is _____ the bank.
> 도서관이 은행 옆에 있다.

① across   ② under   ③ behind
④ next to   ⑤ in front of

3
> He throws the ball _____ the window.
> 그가 공을 창문 밖으로 던진다.

① up   ② down   ③ along
④ into   ⑤ out of

4
> Emily runs _____ the street.
> 에밀리는 거리를 가로질러 달린다.

① along   ② under   ③ from
④ across   ⑤ in front of

5 다음 두 문장의 뜻이 같도록 빈칸에 알맞은 것을 고르세요.

> Jenny sits in front of Mike.
> = Mike sits _____ Jenny.

① under   ② across   ③ behind
④ along   ⑤ out of

6~7 다음 우리말과 같도록 빈칸에 들어갈 말이 바르게 짝지어진 것을 고르세요.

6
> · My birthday is _____ February 9th.
> 내 생일은 2월 9일이다.
> · The park is _____ the bookstore and the bakery.
> 공원은 서점과 빵집 사이에 있다.

① in – between   ② in – across
③ on – between   ④ on – in front of
⑤ at – behind

7
> · Three kids sleep _____ the bedroom.
> 세 명의 아이가 침실에서 잠을 잔다.
> · John walks _____ the river.
> 존은 강을 따라 걷는다.

① in – along   ② in – across
③ on – along   ④ on – across
⑤ under – from

8 다음 빈칸에 들어갈 전치사가 나머지와 <u>다른</u> 것을 고르세요.

① We go skiing _____ winter.

② Christmas is _____ December.

③ Luke was born _____ 2005.

④ I drink coffee _____ the morning.

⑤ The concert begins _____ seven.

9 다음 밑줄 친 부분이 <u>틀린</u> 것을 고르세요.

① She practices the violin <u>from</u> 2 to 3.

② They go to the movies <u>in</u> Thursday.

③ We eat delicious food <u>on</u> Chuseok.

④ He listens to the radio <u>at</u> night.

⑤ I go to the beach <u>in</u> summer.

10 다음 그림에 대한 설명이 <u>틀린</u> 문장을 고르세요.

① The clock is up the wall.

② The table is between the chairs.

③ Three dice are on the floor.

④ The teddy bear is in front of the window.

⑤ Some books are next to the teddy bear.

서술형 🖋️

11~12 다음 우리말과 같도록 빈칸에 알맞은 말을 쓰세요.

11

> 식당은 장난감 가게와 꽃집 사이에 있다.

→ The restaurant is _____ the toy store _____ the flower shop.

12

> 고양이 한 마리가 의자 아래에서 하품한다.

→ A cat yawns _____ the chair.

13~14 다음 우리말과 같도록 밑줄 친 부분을 바르게 고쳐 쓰세요.

13

> **The girl walks <u>up the stairs</u>.**
> 그 소녀는 계단 아래로 걸어간다.

→ _____

14

> **Tom dives <u>out of the swimming pool</u>.**
> 톰이 수영장 안으로 다이빙한다.

→ _____

15 다음 우리말과 같도록 주어진 말을 바르게 배열하여 문장을 완성하세요.

그 호수는 여기서부터 멀다.

(from, the lake, here, far, is)

→ _____

Unit 7

There is[are] ~

개념 미리 보기

• There is[are] ~는 '~(들)이 있다'라는 뜻으로, 항상 문장의 맨 앞에 와요. 그렇다고
There is[are]를 주어라고 생각하면 안돼요! 주어는 There is[are] 뒤에 오는 것을
기억하세요.

펼쳐 보기

There is(are) ~

○ There is + 단수 명사

| There is | a doll | in the box. |

○ There are + 복수 명사

| There are | two dolls | in the box. |

부정문과 의문문

부정문 | There is | not | a doll | in the box. |

상자 안에 한 개의 인형이 없다.

의문문 | Is there | a doll | in the box? |

상자 안에 한 개의 인형이 있니?

Yes, there is. 응, 있어.
No, there isn't. 아니, 없어.

22

There is +단수 명사 / There are +복수 명사

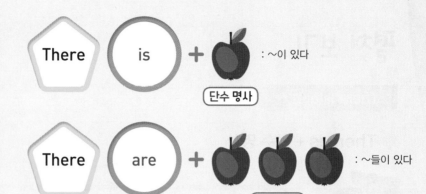

There is + 🍎 : ~이 있다
단수 명사

There are + 🍎🍎🍎 : ~들이 있다
복수 명사

▶ There가 문장의 맨 앞에 오고, 뒤에 be동사가 오면 '~이 있다'라는 뜻으로 쓰인다.

▶ There 뒤에 오는 be동사는 바로 뒤에 오는 명사의 수에 의해 결정된다.
There is **an apple** in the box. 상자 안에 한 개의 사과가 있다.
There are **three apples** in the box. 상자 안에 세 개의 사과들이 있다.

▶ milk, butter와 같은 물질명사는 셀 수 없으므로 be동사는 is를 쓴다.
There is **some butter** on the plate. 접시 위에 약간의 버터가 있다.

▶ A cup <u>is</u> on the table. = <u>There is</u> a cup on the table.
　(주어)　있다　　　　　 ~이 있다　 (주어)

Plus Tip
there가 문장 끝에 오면 '거기에, 저기에'라는 뜻으로 쓰인다.
ex. I meet the boy **there**.
　나는 그 소년을 거기에서 만난다.

고르기  다음 괄호 안에서 알맞은 동사를 고르세요.

1 There (is / are) a picture on the wall. 벽 위에 그림이 있다.

2 There (is / are) some flour in the bowl. 그릇 안에 약간의 밀가루가 있다.

3 There (is / are) many coins in my pocket. 내 주머니에 많은 동전이 있다.

4 There (is / are) a seesaw at the playground. 놀이터에 시소가 있다.

flour 밀가루
bowl 그릇
coin 동전
pocket 주머니
seesaw 시소
potato 감자

5 There (is / are) some potatoes in the basket. 바구니 안에 몇 개의 감자가 있다.

6 There (is / are) children in front of the library. 도서관 앞에 어린이들이 있다.

7 There (is / are) a lot of animals at the zoo. 동물원에 동물들이 많다.

빈칸 채우기 **B** 다음 괄호 안에 주어진 명사를 알맞은 형태로 빈칸에 쓰세요.

1 There are many ____shops____ in our town. (shop)
우리 마을에 가게들이 많다.

2 There is some _____ in the bottle. (milk)
병 안에 약간의 우유가 있다.

3 There is _____ behind her house. (bicycle)
그녀의 집 뒤에 자전거 한 대가 있다.

4 There are two _____ on the bed. (baby)
침대 위에 아기가 두 명 있다.

5 There is _____ on the desk. (eraser)
책상 위에 지우개 하나가 있다.

Plus Tip
baby처럼 <자음 + y>로 끝나는 명사는 y를 i로 고치고 -es를 붙여 복수형을 만든다.

6 There are three _____ in the pond. (frog)
연못 안에 개구리 세 마리가 있다.

7 There are two _____ on the stove. (pot)
가스레인지 위에 냄비 두 개가 있다.

shop 가게
town 마을
bottle (물)병
eraser 지우개
stove 가스레인지
pot 냄비
cage (새, 동물의) 우리
wolf 늑대

8 There is _____ in the cage. (wolf)
우리 안에 늑대 한 마리가 있다.

그림 보고 빈칸 채우기 다음 그림을 보고, 빈칸에 알맞은 말을 골라 문장을 완성하세요.

cookie~~~~   orange   egg   fork   juice

1 There ____are____ some ____cookies____ on the dish.

2 There _____ an _____ on the table.

3 There _____ four _____ on the table.

4 There _____ some _____ in the glass.

egg 달걀
fork 포크
dish 접시
glass 유리잔; 유리

5 There _____ two _____ on the table.

23

There is[are]의 부정문과 의문문

| There is | not | + | 주어 | : ~이 없다, 있지 않다 |

| | Is there | + | 주어 | : ~이 있니? |

▶ be동사 뒤에 **not**을 넣으면 '~이 없다(있지 않다)'의 뜻이 된다.
There is not a boy in the pool. 수영장에 소년 한 명이 없다.

▶ be동사를 맨 앞으로 보내서 의문문을 만들며, 대답할 때는 there와 be동사를 이용해 답한다.
Are there any dogs in your house? 너의 집에 개가 있니?
– Yes, **there are.** 응, 있어.   – No, **there aren't.** 아니, 없어.

> **Plus Tip**
> There is[are]의 부정은 줄여서 쓸 수 있다.
> There is not ~ = There's not ~ / There isn't ~
> There are not ~ = There aren't ~

고르기

Ⓐ 다음 괄호 안에서 알맞은 말을 고르세요.

1 There (isn't / aren't) any shampoo in the bathroom. 욕실에 샴푸가 없다.

2 There (isn't / aren't) two blouses in the closet. 옷장에 블라우스 두 장이 없다.

3 There (isn't / aren't) any pencils in my bag. 내 가방에 연필이 없다.

4 There (isn't / aren't) three boats on the sea. 바다 위에 보트 세 척이 없다.

5 There (isn't / aren't) a can of soda in the store. 가게에 소다수 한 캔이 없다.

6 There (isn't / aren't) a globe in the science room. 과학실에 지구본이 없다.

7 There (isn't / aren't) many fans at the concert. 콘서트에 많은 팬들이 없다.

8 There (isn't / aren't) a jar of jam in the fridge. 냉장고에 잼 한 병이 없다.

any 약간의
shampoo 샴푸
blouse 블라우스
closet 옷장
boat 보트
soda 소다수, 탄산음료
globe 지구본
concert 콘서트
jar 병
fridge 냉장고

고른 후 대답 완성하기

B 다음 괄호 안에서 알맞은 것을 고른 후, 대답을 완성하세요.

1 A (Is / Are) there any kiwis on the table? 식탁 위에 약간의 키위가 있니?
　　B Yes, there _____ .

2 A (Is / Are) there a ruler in your pencil case? 너의 필통 안에 자가 있니?
　　B No, there _____ .

3 A (Is / Are) there many cities in Korea? 한국에는 많은 도시가 있니?
　　B Yes, there _____ .

4 A (Is / Are) there three chicks in the nest? 둥지 안에 병아리 세 마리가 있니?
　　B No, there _____ .

kiwi 키위
ruler 자
pencil case 필통
Korea 한국
chick 병아리
nest 둥지
drugstore 약국
around ~의 근처에

5 A (Is / Are) there any grape juice in the glass? 유리잔 안에 약간의 포도주스가 있니?
　　B Yes, there _____ .

6 A (Is / Are) there a drugstore around here? 이 근처에 약국이 있니?
　　B No, there _____ .

빈칸 채워 문장 완성하기

C 다음 우리말과 같도록 빈칸에 알맞은 말을 쓰세요.

1 __There__ __isn't__ a TV in his house. 그의 집에 TV가 없다.

2 _____ _____ five chairs in the dining room? 식당에 다섯 개의 의자가 있니?

3 _____ _____ a clean toothbrush in the bathroom? 화장실에 깨끗한 칫솔이 있니?

4 _____ _____ two mirrors on the wall? 벽에 두 개의 거울이 있니?

dining room 식당
toothbrush 칫솔
mirror 거울
biscuit 비스킷
blackboard 칠판

5 _____ _____ many biscuits at the market. 시장에 비스킷들이 많이 없다.

6 _____ _____ a blackboard in their classroom. 그들의 교실에 칠판이 없다.

Wrap-up Test

다음 빈칸에 알맞지 **않은** 것을 고르세요.

1

> There is _____ in my pocket.

① a phone   ② a coin

③ car keys   ④ an eraser

⑤ some money

2

> There are _____ in our town.

① many trees

② many people

③ twenty restaurants

④ two big malls

⑤ a large park

3~4 다음 빈칸에 알맞은 것을 고르세요.

3

> There _____ some juice in the cup.

① is   ② are   ③ has

④ do   ⑤ does

4

> There _____ three monkeys in the cage.

① is   ② are   ③ has

④ do   ⑤ does

5 다음 밑줄 친 부분이 **틀린** 것을 고르세요.

① There <u>is</u> a lamp on the desk.

② There <u>are</u> four pictures on the wall.

③ There <u>are</u> some water in the bottle.

④ There <u>is</u> an umbrella under the table.

⑤ There <u>is</u> a piano in my room.

6 다음 중 not이 들어갈 위치로 알맞은 곳을 고르세요.

> There ① are ② ten ③ dishes ④ in ⑤ the kitchen.

7 다음 우리말을 영어로 바르게 쓴 것을 고르세요.

> 이 근처에 은행이 하나 있나요?

① Is there a bank around here?

② Are there banks around here?

③ Is there banks around here?

④ Are there a bank around here?

⑤ There is a bank around here?

8 다음 대화의 빈칸에 알맞은 것을 고르세요.

> A Are there many boats at the beach?
> B _____

① Yes, there is.   ② Yes, they are.

③ No, there isn't.   ④ No, there aren't.

⑤ No, they aren't.

9 다음 빈칸에 들어갈 말이 바르게 짝지어진 것을 고르세요.

> • There _____ his hat under the bed.
> • There _____ six biscuits on the plate.
> • There _____ some cheese in the fridge.

① is – is – are   ② is – are – is
③ is – are – are   ④ are – are – is
⑤ are – are – are

10 다음 중 <u>틀린</u> 문장을 고르세요.

① There isn't a sofa in my room.
② There are some bread on the table.
③ There are many mountains in Korea.
④ Is there a calendar in your office?
⑤ Are there two books on the bookshelf?

11 다음 그림에 대한 설명이 <u>틀린</u> 것을 고르세요.

① There are two bikes in the park.
② A red bike is in front of the green one.
③ There is a dog on the bench.
④ There is a red bird in the tree.
⑤ There is a tree behind the bench.

12 다음 대화의 빈칸에 알맞은 말을 쓰세요.

> A Is there a flower in the vase?
> B No, _____ _____.

13 다음 우리말과 같도록 <u>틀린</u> 부분을 찾아 바르게 고쳐 쓰세요.

> There are some meat in the refrigerator.
> 냉장고 안에 약간의 고기가 있다.

_____ ➔ _____

14~15 다음 우리말과 같도록 주어진 말을 바르게 배열하여 문장을 완성하세요.

14 내 초록색 스웨터가 옷장에 없다. (there, my green sweater, isn't, in the closet)

➔ _____

15 그 식당에 세 명의 요리사가 있니?
(there, in the restaurant, are, three chefs)

➔ _____

Grammar Map

→ 조동사는 동사에 다양한 의미를 더할 수 있어!

주어 + 조동사 + 동사

→ 동사는 항상 원형으로 써야 해!

[1]_____ +동사원형: ~할 수 있다

may+동사원형: ~일지도 모른다[추측], ~해도 된다[허락]

must+동사원형: ~해야 한다[의무]   must = [2]_____

should+동사원형: ~해야 한다[충고]   must ≠ doesn't have to(~할 필요가 없다)

전치사 + 명사

전치사

시간 at + 시간 / on + 요일, 날짜, 특정한 날 / [3]_____ + 달, 계절, 연도

위치 on ~ 위에 / under ~ 아래에 / [4]_____ ~ 뒤에 / in front of ~ 앞에
next to ~ 옆에 / in ~ 안에 / [5]_____ A and B A와 B 사이에

방향 up ~ 위로 / [6]_____ ~ 아래로 / into ~ 안으로 / out of ~ 밖으로
to ~으로 / from ~으로부터 / along ~을 따라서 / [7]_____ ~을 가로질러

→ 주어가 단수 명사일 때 is, 복수 명사일 때 are

There + is / are + 주어 : (주어)가 있다

There [8]_____ a ball in the box. 상자 안에 공이 하나 있다.

There are [9]_____ in the box. 상자 안에 공들이 있다.

1 다음 밑줄 친 부분과 의미가 같은 것을 고르세요.

> You <u>have to</u> follow the traffic rules.

① can   ② may   ③ must
④ will   ⑤ should

2 다음 대화의 빈칸에 알맞은 것을 고르세요.

> A _____ I try on that shirt ?
> B Of course.

① May   ② Must   ③ Should
④ Do   ⑤ Am

3~4 다음 빈칸에 알맞은 것을 고르세요.

3

> A My hands are very dirty.
> B You _____ wash your hands.

① can   ② may   ③ has to
④ are   ⑤ should

4

> You _____ say bad words to your parents.

① must   ② may   ③ have to
④ mustn't   ⑤ don't have to

5 다음 중 조동사에 대한 설명이 틀린 것을 고르세요.

① can은 '~할 수 있다'라는 의미로 부정형은 cannot이다.

② must는 '~해야 한다'라는 의미로 have to로 바꿔 쓸 수 있다.

③ should는 '~해야 한다'라는 의미로 충고할 때 사용한다.

④ may는 '~해도 좋다'라는 의미로 허락을 나타낸다.

⑤ don't have to는 have to의 부정형으로 '~해서는 안 된다'라는 의미이다.

6 다음 밑줄 친 부분의 뜻이 <u>다른</u> 것을 고르세요.

① <u>May</u> I turn on the TV?

② You <u>may</u> go to the bathroom now.

③ It <u>may</u> rain this afternoon.

④ You <u>may</u> use my computer.

⑤ You <u>may</u> have some cheesecake.

서술형
7 다음 우리말과 같도록 <u>틀린</u> 부분을 찾아 바르게 고쳐 쓰세요.

> My puppy comes down my room.
> 나의 강아지가 내 방 안으로 들어온다.

_____ ➜ _____

[8~9] 다음 우리말과 같도록 빈칸에 알맞은 말을 쓰세요.

서술형
8

그는 강을 가로질러 수영할 수 있다.

→ He _____ swim _____ the river.

서술형
9

그녀는 여기서부터 출발해서 결승선으로 간다.

→ She starts _____ here and goes _____ the finishing line.

10 다음 그림을 보고, 전치사가 잘못 쓰인 것을 고르세요.

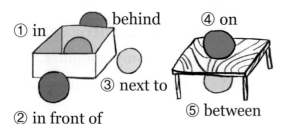

① in   behind   ④ on
③ next to
② in front of   ⑤ between

11 다음 밑줄 친 부분이 틀린 것을 고르세요.

① We go to church on Sundays.
② My dad goes to bed at midnight.
③ I usually have dinner at 7:30.
④ The cooking class starts on July.
⑤ Many people visit Seoul in summer.

12 다음 우리말과 같도록 빈칸에 알맞은 것을 2개 고르세요.

You _____ eat too many candies.
너는 사탕을 너무 많이 먹으면 안 된다.

① mustn't   ② aren't   ③ can't
④ don't   ⑤ should not

13 다음 빈칸에 알맞지 않은 것을 고르세요.

Are there _____ ?

① big markets around here
② any warm water in the cup
③ any famous actors on the stage
④ some foxes at the zoo
⑤ many pets in the pet store

14 다음 빈칸에 들어갈 말이 바르게 짝지어진 것을 고르세요.

• The bakery is _____ the cafe.
빵집은 카페 앞에 있다.
• The park is _____ the hospital.
공원은 병원 옆에 있다.

① behind – between
② behind – in front of
③ in front of – along
④ in front of – next to
⑤ along – next to

15 다음 빈칸에 알맞지 <u>않은</u> 것을 2개 고르세요.

> There is _____.

① a tall tower in the city
② many children on the playground
③ a long bridge on the river
④ three pencils in the pencil case
⑤ some cheese in the refrigerator

16 다음 우리말과 같도록 빈칸에 알맞은 것을 고르세요.

> _____ any rice in our house.
> 우리 집에 쌀이 없다.

① There is   ② There isn't
③ There are   ④ There aren't
⑤ Here isn't

17 다음 대화의 빈칸에 알맞은 말을 쓰세요.

> A _____ there your car in front of
>   the building?
> B No, _____ _____.

18 다음 우리말과 같도록 주어진 말을 바르게 배열하여 문장을 완성하세요.

장미꽃 위에 나비가 두 마리 있다.
(two butterflies, are, there, on the rose)

➜ _____

서술형 업그레이드

19 다음 빈칸에 should와 shouldn't 중 알맞은 것을 넣어 학교 규칙을 완성하세요.

> *School Rules*
> 1. You _____ turn off your
>   phone in class.
> 2. You _____ listen to your
>   teacher in class.
> 3. You _____ chat with your
>   friends in class.

20 다음 그림을 보고, 빈칸에 알맞은 말을 쓰세요.

> There _____ a bed in the room.
> There _____ some books on the desk.
> There is a ball _____ the pencils.
> There is a desk _____ the bed and the mirror.

다양한 형용사

○ 상태를 나타내는 반대 형용사

big, large 큰	←→	small 작은
high 높은	←→	low 낮은
old 오래된, 낡은	←→	new 새로운
heavy 무거운	←→	light 가벼운
good 좋은	←→	bad 나쁜
clean 깨끗한	←→	dirty 더러운
safe 안전한	←→	dangerous 위험한
dry 마른, 건조한	←→	wet 젖은
easy 쉬운	←→	difficult 어려운
cheap 값이 싼	←→	expensive 값비싼
round 둥근	←→	square 네모의
bright 밝은	←→	dark 어두운
cold 차가운; 추운	←→	hot 뜨거운; 더운
fast 빠른	←→	slow 느린
full 가득 찬	←→	empty 텅 빈
thin 얇은	←→	thick 두꺼운
hard 딱딱한	←→	soft 부드러운
boring 지루한	←→	interesting 재미있는
long (길이가) 긴	←→	short 짧은
open 열린	←→	closed 닫힌
noisy 시끄러운	←→	quiet 조용한
warm 따뜻한	←→	cool 서늘한
sharp 날카로운	←→	blunt 무딘
comfortable 편안한	←→	uncomfortable 불편한

사람과 관련된 반대 형용사

tall 키가 큰	⟷	short 키가 작은
old 나이든, 늙은	⟷	young 젊은, 어린
healthy 건강한	⟷	sick 아픈
handsome 잘생긴	⟷	ugly 못생긴
pretty 예쁜	⟷	ugly 못생긴
full 배부른	⟷	hungry 배고픈
fat 뚱뚱한	⟷	thin, skinny 마른
strong 강한, 힘센	⟷	weak 약한
busy 바쁜	⟷	free 한가한
diligent 근면한	⟷	lazy 게으른
smart 영리한, 똑똑한	⟷	foolish 어리석은
wise 현명한	⟷	stupid 어리석은
rich 부유한	⟷	poor 가난한
right 옳은	⟷	wrong 틀린
glad 기쁜	⟷	sad 슬픈
kind 친절한	⟷	unkind 불친절한
lucky 운 좋은, 행운의	⟷	unlucky 운 나쁜, 불운의
popular 인기 있는	⟷	unpopular 인기 없는

그 외 형용사

맛	날씨	감정·상태
hot 매운	sunny 맑은	happy 행복한
bitter 쓴	rainy 비오는	angry 화난
sweet 단	snowy 눈 오는	thirsty 목마른
salty 짠	cloudy 흐린	sleepy 졸린
sour 신	windy 바람 부는	scary 무서운
delicious, yummy 맛있는	foggy 안개 낀	tired 피곤한

Memo

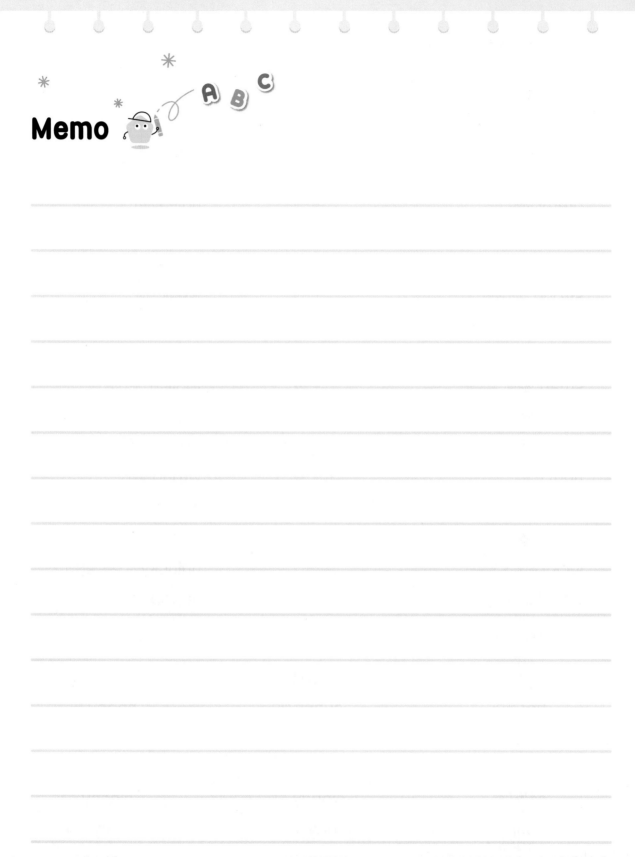

I See
Grammar

I See Grammar

정답과 풀이

LEVEL 2

visang

ABOVE IMAGINATION

우리는 남다른 상상과 혁신으로
교육 문화의 새로운 전형을 만들어
모든 이의 행복한 경험과 성장에 기여한다

I See! Grammar

정답과 풀이

LEVEL 2

Unit 0 문장의 형식

1. 1형식 문장 .... p. 5

A 2 주어: She, 동사: smiles   3 주어: Whales, 동사: live
4 주어: My little sister, 동사: sleeps

B 1 The movie – starts – at 7 o'clock.
2 Leaves – fall – in autumn.
3 Cheetahs – run – fast.

2. 2형식 문장 .... p. 6

A 1 동사: are, 보어: beautiful
2 동사: is, 보어: dangerous
3 동사: is, 보어: a new hospital
4 동사: are, 보어: baseball players

B 1 sad   2 high   3 artists   4 his socks

3. 3형식 문장 .... p. 7

A 1 the flute   2 milk   3 a computer   4 the house

B 1 Students wear – school uniforms.
2 Spiders have – eight legs.
3 He enjoys – French food.

Unit 1 일반동사의 현재시제

01 be동사와 일반동사   pp. 10~11

A 1 √   4 √   6 √   7 √

B 1 (1) ② (2) ①   2 (1) ① (2) ②   3 (1) ① (2) ②

C 1 are   2 sleep   3 is   4 like

02 3인칭 단수 주어와 일반동사(규칙 변화)   pp. 12~13

A 1 hates   2 sells   3 eat   4 gets   5 bakes

B 2 My dog, wags   3 Two trees, stand
4 Tom, knows   5 He, works   6 Polar bears, live

C 2 helps   3 wears   4 writes   5 love   6 lays

03 3인칭 단수 주어와 일반동사(불규칙 변화)   pp. 14~15

A 1 holds, walks, says   2 brushes, goes, washes, fixes   3 tries, marries, studies, flies

B 1 cries   2 do   3 fries   4 has   5 mixes   6 watch

C 1 visits   2 prays   3 finishes   4 studies   5 flies
6 teaches

Wrap-up Test   pp. 16~17

1 ⑤   2 ③   3 ②   4 ④   5 ③   6 ②   7 ④
8 ⑤   9 ④   10 ①   11 ③   12 ④   13 meets, fries   14 (1) visits (2) brushes   15 He drinks milk every morning.

1 각각의 빈칸에는 ① eats, ② bake, ③ rides, ④ have 같은 일반동사가 알맞고 ⑤에는 be동사 are가 알맞다.

2 〈We=gloves〉의 관계가 성립하지 않고 빈칸 뒤에 목적어인 gloves(장갑)가 나오므로 빈칸에는 일반동사 wear가 알맞다.

3 동사가 fixes이므로 3인칭 단수 주어인 The boy(그 소년)가 빈칸에 알맞다.

4 〈Jim's uncle=a new car〉의 관계가 성립하지 않고 a new car(새 차)는 목적어이고 Jim's uncle은 3인칭 단수 주어이므로 첫 번째 빈칸에는 일반동사 wants가 알맞고, 〈She=a K-pop singer〉의 관계가 성립하므로 두 번째 빈칸에는 be동사 is가 알맞다.

5 He는 3인칭 단수 주어이므로 첫 번째 빈칸에는 goes가 알맞고, We는 복수 주어이므로 두 번째 빈칸에는 go가 알맞다.

6 ① mixes, ③ starts, ④ has, ⑤ watches로 써야 한다.

7 My sister(내 여동생)는 3인칭 단수 주어이므로 ④는 buys로 써야 한다.

8 동사가 knows로 -s가 붙었으므로 빈칸에는 3인칭 단수 주어가 알맞다. ⑤ Tom and Jane은 복수 주어이므로 빈칸에 알맞지 않다.

9 빈칸 뒤에 목적어(English)가 있으므로 빈칸에는 일반동사 study가 알맞고, Jane은 3인칭 단수 주어이므로 동사의 형태가 바뀌는데, study는 〈자음＋y〉로 끝나므로 y를 i로 고치고 -es를 붙인 studies가 답이다.

10 ① Amy는 3인칭 단수 주어이므로 plays가 알맞고, 나머지는 모두 복수 주어이므로 play가 알맞다.

11 ③ The babies(그 아기들)는 복수 주어이므로 동사는 cry를 써야 한다.

12 ④ The men(그 남자들)은 복수 주어이므로 동사는 work를 써야 한다.

13 주어인 The girl(그 소녀)과 The chef(그 요리사)는 3인칭 단수이므로 빈칸에는 각각 meets, fries가 와야 한다.

14 (1) 주어인 Jason이 3인칭 단수이므로 visits가 되어야 한다.
(2) brush는 -sh로 끝나므로 -es를 붙인 brushes로 써야 한다.

15 주어 He를 쓰고 동사 drink의 3인칭 단수 현재형인 drinks를 쓰고 이어서 milk every morning 순서로 쓴다.

Unit 2 일반동사의 부정문과 의문문

04 일반동사의 부정문 　　　　　pp. 20~21

A 1 do not　2 does not　3 do not　4 do not
　 5 does not　6 do not

B 1 moves, move　2 like, like　3 has, have
　 4 fly, fly　5 enjoy, enjoy

C 2 doesn't read　3 don't use　4 doesn't go
　 5 don't know　6 doesn't practice

05 일반동사의 의문문 　　　　　pp. 22~23

A 1 ②　2 ①　3 ①　4 ②　5 ②　6 ①

B 1 Does, play　2 Do, wear　3 Does, like
　 4 Do, need　5 Does, live　6 Does, take

C 2 Does, teach　3 Does, have　4 Do, live
　 5 Does, walk

06 일반동사의 의문문에 대한 대답 　　pp. 24~25

A 2 he doesn't　3 it does　4 she does
　 5 they don't　6 they do

B 2 Yes she does　3 No she doesn't
　 4 No she doesn't　5 Yes she does
　 6 Yes they do　7 No they don't

---

1 ④　　**2** ③　　**3** ②　　**4** (1) doesn't (2) clean
5 (1) go (2) Do　**6** ②　**7** ⑤　**8** ③　**9** ④　**10** ①
11 ④　**12** Yes it does　**13** takes, doesn't take
14 Do, Does　**15** Does the movie finish at ten?

1 ④는 주어가 3인칭 단수 The singer(그 가수)이므로 does를 쓰고, 나머지는 모두 복수 주어이므로 do를 써야 한다.

2 ③은 be동사의 의문문으로 Is를 써야 하고, 나머지는 모두 3인칭 단수 주어가 쓰인 일반동사의 의문문이므로 Does를 써야 한다.

3 Does로 시작하는 의문문이므로 빈칸에는 3인칭 단수 주어만 올 수 있다. 그러므로 복수 주어인 the students(그 학생들)는 알맞지 않다.

4 The farmer(그 농부)와 she는 3인칭 단수 주어로, 부정문은 〈doesn't + 동사원형〉, 의문문은 〈Does + 주어 + 동사원형 ~?〉으로 써야 하므로 각각 doesn't와 clean이 알맞다.

5 Sam은 3인칭 단수 주어로 〈doesn't + 동사원형〉 형태로 써야 하므로 go가 알맞고, they는 복수 주어이므로 〈Do + 주어 + 동사원형 ~?〉으로 써야 한다.

6 ① practices → practice, ③ doesn't → don't, ④ likes → like, ⑤ has not → doesn't have로 고쳐야 한다.

7 〈Does + 주어 + 동사원형 ~?〉에 대한 긍정의 대답은 〈Yes, 주어 + does.〉이고, 부정의 대답은 〈No, 주어 + doesn't.〉이다.

8 주어 his friends(그의 친구들)를 주격대명사 they로 바꾼 Yes, they do.나 No, they don't.가 응답으로 알맞다.

9 일반동사 like가 쓰인 부정문이고, My cousins(나의 사촌들)는 복수 주어이므로 빈칸에는 do not 또는 don't가 알맞다.

10 your mother(너의 엄마)가 3인칭 단수 주어로 쓰인 일반동사 의문문이므로, 〈Does + 주어 + 동사원형 ~?〉의 형태로 써야 한다.

11 3인칭 단수 주어가 쓰인 일반동사의 부정문은 〈주어 + does not + 동사원형 ~.〉의 형태로 쓴다.

12 주어 the monkey를 주격대명사 it으로 바꾼 긍정의 대답 Yes, it does.가 응답으로 알맞다.

13 첫 번째 빈칸에는 3인칭 단수 주어가 쓰인 일반동사의 긍정문이므로 takes가 알맞고, 두 번째 빈칸에는 3인칭 단수 주어가 쓰인 부정문이므로 doesn't take가 알맞다.

14 the animal(그 동물)은 3인칭 단수 주어이므로, Do를 Does로 고쳐야 한다.

15 일반동사의 의문문은 〈Do(Does) + 주어 + 동사원형 ~?〉의 형태로 쓴다.

Unit 1~2 Final Test
pp. 29~31

1 ② **2** ⑤ **3** ③ **4** ⑤ **5** reads, read **6** He has breakfast at eight. **7** ② **8** Does, Do **9** ④ **10** ③ **11** teaches, misses **12** she doesn't **13** ① **14** ② **15** ④ **16** ③ **17** ⑤ **18** She doesn't[does not] like scary movies. **19** (1) he does, studies (2) he doesn't, goes **20** play, walks, flies, rides

1 mix는 -x로 끝나므로 -es를 붙인 mixes가 되어야 한다.

2 listens는 3인칭 단수 현재형이므로 빈칸에는 3인칭 단수 주어만 올 수 있다. Dad and I(아빠와 나)는 복수 주어이다.

3 동사가 go이므로 3인칭 단수 주어인 My friend(나의 친구)는 빈칸에 올 수 없다.

4 〈This shop=plants and flowers〉의 관계가 성립하지 않으므로 be동사는 올 수 없다. sells, has 등의 일반동사가 와야 한다.

5 Tom이 3인칭 단수 주어이므로 reads가 알맞고, 부정문에서는 doesn't 뒤에 동사원형이 오므로 read가 알맞다.

6 He는 3인칭 단수 주어이므로 동사는 has로 바꿔 써야 한다.

7 He는 3인칭 단수 주어이고, buy는 〈모음+y〉로 끝나므로 -s를 붙인 buys를 동사로 써야 한다.

8 Tim and Bora는 복수 주어이므로 Do를 써야 한다.

9 This bus(이 버스)는 3인칭 단수 주어이므로, 부정문은 〈does not(doesn't)+동사원형〉의 형태로 쓴다.

10 her parents(그녀의 부모님)는 복수 주어이므로, 의문문을 만들 때는 Do를 문장 맨 앞에 쓴다.

11 두 문장 모두 3인칭 단수 주어를 갖는다. teach는 -ch로 끝나므로 -es를 붙인 teaches를, miss는 -s로 끝나므로 -es를 붙인 misses를 써야 한다.

12 your sister(너의 언니)는 3인칭 단수 주어이므로 주격대명사 she를 쓰고, 부정의 대답이므로 doesn't를 이어서 쓴다.

13 A man(한 남자)은 3인칭 단수 주어이므로, carry는 y를 i로 고치고 -es를 붙인 carries로 바꿔 써야 한다

14 Jenny's classmates(제니의 반 친구들)는 복수 주어이므로, doesn't를 don't로 바꿔 써야 한다.

15 Mike는 3인칭 단수 주어이므로, 부정문은 〈does not(doesn't) +동사원형〉의 형태로 쓴다.

16 The Earth(지구)는 3인칭 단수 주어이므로, 의문문은 〈Does+ 주어+동사원형 ~?〉의 형태로 쓴다.

17 ⑤는 Does로 물어봤으므로, 대답은 Yes, she does.나 No, she doesn't.로 해야 한다.

18 3인칭 단수 주어가 쓰인 일반동사의 부정문은 〈does not (doesn't)+동사원형〉의 형태로 쓴다.

19 Kevin은 3인칭 단수 주어이므로 does나 doesn't를 이용해서 답하고, 각 문장에 쓰인 동사들도 -(i)es를 붙여 3인칭 단수 동사 현재형으로 바꿔 써야 한다.

20 Two children(두 명의 아이들)은 복수 주어이고 배드민턴을 치고 있으므로 play가 알맞고, 나머지는 모두 3인칭 단수 주어이므로 그림에 맞는 동사를 찾아 -(i)es를 붙여 형태를 바꿔야 한다. 한 여성은 개를 산책시키고 있으므로 walks, 한 소년은 연을 날리고 있으므로 flies, 한 소녀는 자전거를 타고 있으므로 rides로 써야 한다.

Unit 3 형용사

07 형용사의 역할(한정적 용법)
pp. 34~35

A 1 fast 2 cute 3 expensive 4 wise 5 black 6 sharp 7 dirty 8 angry 9 small 10 salty 11 heavy 12 young

B 1 sad 2 blue 3 cloudy 4 hard 5 cheap 6 round

C 2 beautiful smile 3 small puppies 4 fresh milk 5 noisy boy 6 hot sauce

08 다양한 형용사
pp. 36~37

A 2 soft 3 sick 4 wet 5 boring 6 free 7 sad 8 open 9 rich 10 thin 11 square 12 young

B 1 fast, slow 2 hot, cold 3 clean, dirty

C 2 strong 3 light 4 low 5 interesting

09 형용사의 위치   pp. 38~39

A 1 ① 2 ② 3 ② 4 ① 5 ② 6 ①

B 1 his old pants   2 a funny story
3 these sweet grapes   4 the deep river
5 her correct address

C 2 This pretty girl is Anna.
3 Your new coat looks nice.
4 Seoul is a big city.
5 His blue eyes are beautiful.
6 Four cute koalas sleep in a tree.

10 형용사의 서술적 용법   pp. 40~41

A 1 busy 2 expensive 3 dangerous 4 close
5 alone 6 bitter 7 famous 8 healthy

B 2 are cute 3 boy is polite 4 novel is surprising

C 2 is fresh 3 are cheap 4 are brown 5 is tall
6 is thick

Wrap-up Test   pp. 42~43

1 ③   2 ④   3 ②   4 ④   5 ⑤   6 ②   7 ②
8 ④ 9 ① 10 ③ 11 ② 12 Three smart boys are
in the clsassroom.   13 expensive, small   14 actor
is famous   15 That nice woman is polite.

1 ③ flower(꽃)는 명사이고, 나머지는 모두 형용사이다.
2 빈칸 뒤에 명사(girl)가 있으므로 빈칸에는 형용사만 올 수 있다.
④ time(시간)은 명사이므로 올 수 없다.
3 빈칸 뒤에 명사(box)가 있으므로 빈칸에는 형용사만 올 수 있다.
② know(알다)는 동사이므로 올 수 없다.
4 fast와 quick은 '빠른'이라는 뜻으로 의미가 비슷하다.
5 light(가벼운)의 반대말은 heavy(무거운)이고, boring(지루한)의
반대말은 interesting(재미있는)이다.
6 ② doll(인형)은 명사이다.
7 〈소유격 + 형용사 + 명사〉의 순서로 써야 하므로 my new
coat가 알맞다.
8 〈지시형용사 + 형용사 + 명사〉의 순서로 써야 하므로 that big
tent가 알맞다.
9 〈숫자 + 형용사 + 명사〉의 순서로 써야 하므로 two white
caps로 써야 한다.

10 〈관사/지시형용사/소유격/숫자 + 형용사 + 명사〉의 순서로 써야
하므로, ③은 That is his beautiful house.가 되어야 한다.
11 ②의 deep(깊은)은 주어(The river)를 설명하는 형용사이고,
나머지는 모두 뒤에 있는 명사를 꾸며주는 형용사이다.
12 〈숫자 + 형용사 + 명사〉의 순서로 써야 하므로 '똑똑한 세 명의
소년'은 Three smart boys로 쓴다.
13 cheap(값싼)의 반대말은 expensive(비싼)이며, big(큰)의
반대말은 small(작은)이다.
14 '그는 유명한 배우이다.'를 '그 배우는 유명하다.'가 되도록 바꿔
써야 한다.
15 〈지시형용사 + 형용사 + 명사〉의 순서로 쓰므로 That nice
woman으로 주어를 쓰고, 동사 is를 쓴 후 주어를 설명하는
polite 순으로 쓴다.

Unit 4 부사

11 부사의 쓰임   pp. 46~47

A 2 walk, slowly 3 jump, high 4 dances, badly
5 teaches, kindly 6 get, early

B 2 huge, He has a really huge house.
3 difficult, Is the quiz too difficult?
4 perfect, This design isn't so perfect.
5 busy, Are you really busy?

C 1 sleepily 2 quickly 3 so 4 clearly 5 too
6 loudly

12 부사의 형태   pp. 48~49

A 1 badly 2 angrily 3 safely 4 heavily 5 slowly
6 carefully 7 newly 8 happily 9 well

B 2 too, busy(too가 busy를 꾸밈)
3 speaks, fluently(fluently가 speaks를 꾸밈)
4 throws, angrily(angrily가 throws를 꾸밈)
5 quite, heavy(quite가 heavy를 꾸밈)
6 passes, easily(easily가 passes를 꾸밈)
7 so, fun(so가 fun을 꾸밈)

C 1 (1) slowly (2) slow 2 (1) happily (2) happy
3 (1) sad (2) sadly 4 (1) quietly (2) quiet

13 주의해야 할 부사 pp. 50~51

A 1 (1) 형용사 (2) 부사 2 (1) 형용사 (2) 부사
3 (1) 부사 (2) 형용사

B 1 hard 2 pretty 3 deep 4 early 5 high

C 1 (1) 가깝다 (2) 가까이 산다
2 (1) 늦게 일어난다 (2) 늦는다[지각한다]
3 (1) 빠르게 던진다 (2) 빠른 달리기 선수이다
4 (1) 일찍 시작한다 (2) 이른 저녁을 먹는다

14 빈도부사 pp. 52~53

A 2 never – d 3 always – a 4 usually – e
5 sometimes – c

B 1 ① 2 ② 3 ① 4 ① 5 ②

C 2 sometimes make 3 is always 4 are usually
5 never snows

Wrap-up Test pp. 54~55

1 ⑤ 2 ③ 3 ① 4 ⑤ 5 ② 6 ② 7 ⑤
8 ③ 9 ② 10 ⑤ 11 ① 12 My brother never
eats carrots. 13 Shaun and Lucy live happily
together. 14 They study very hard 15 My uncle
is always diligent.

1 careful에 -ly를 붙인 carefully가 되어야 한다.

2 '열심히'라는 뜻을 가진 부사는 hard이다.

3 ①의 excellent(훌륭한)는 명사를 꾸며주는 형용사이고 나머지는 모두 동사, 형용사, 다른 부사를 꾸며주는 부사이다.

4 good(좋은)은 형용사이므로 동사 walks를 꾸며줄 수 없다.

5 형용사 exciting을 꾸밀 수 있는 것은 부사이다. to는 부사가 아니므로 형용사를 꾸밀 수 없다. 부사 too와 혼동하지 않도록 주의한다.

6 첫 번째 빈칸에는 명사(driver)를 수식하는 형용사(safe)가 알맞고, 두 번째 빈칸에는 동사(drives)를 수식하는 부사(safely)가 알맞다.

7 빈칸 순서대로 각각 동사 answers와 dances를 수식하는 부사 easily, beautifully가 알맞고, 마지막 빈칸은 형용사 cold를 수식하는 부사 too 또는 very가 알맞다.

8 ⓐ high(높은)의 부사형은 high이며, ⓓ 빈도부사(never)는 be동사(are) 뒤에 써야 한다.

9 빈도부사(often)는 일반동사(go) 앞에 써야 한다.

10 early는 형용사와 부사의 형태가 같으므로 earlily는 early가 되어야 한다.

11 빈도부사는 be동사 뒤, 일반동사 앞에 오므로 ①은 Kevin never lies to me.가 되어야 한다.

12 빈도부사(never)는 일반동사(eats) 앞에 써야 한다.

13 동사 live를 꾸며주는 것은 부사이므로, happy(행복한)의 부사인 happily(행복하게)로 고쳐야 한다.

14 〈주어 + 동사 + 부사 + 다른 부사〉의 순서로 써야 한다. 부사 very는 부사 hard를 수식하므로 hard 앞에 쓴다.

15 빈도부사는 be동사 뒤에 오므로 〈주어 + be동사 + 빈도부사 + 형용사〉의 순서로 써야 한다.

Unit 3~4 Final Test pp. 57~59

1 ③ 2 ④ 3 ① 4 ④ 5 ⑤ 6 My mom
often wears my scarf. 7 ② 8 ⑤ 9 ④ 10 ⑤
11 I don't wear this yellow skirt. 12 pretty 13 ⑤
14 ③ 15 is polite 16 ② 17 a very difficult
problem 18 Three big elephants are 19 (1)
always (2) sometimes goes (3) never plays 20 late,
fast[quickly], pretty[quite], early

1 ③ lovely(사랑스러운)는 〈명사 + -ly〉의 형태인 형용사이고 나머지는 모두 〈형용사 + -ly〉의 형태인 부사이다.

2 busy(바쁜)의 반대말은 free(한가한)이고 strong(힘센)의 반대말은 weak(약한)이다.

3 ①의 alone(혼자인)은 주어를 설명하는 형용사이고 나머지는 모두 명사를 꾸며주는 형용사이다.

4 '늦게'라는 의미의 부사는 late이다. lately는 '최근에'라는 뜻의 부사이다.

5 '저 동그란 식탁'은 〈지시형용사 + 형용사 + 명사〉의 순서로 써야 하므로 형용사 round는 that과 table 사이에 들어가는 것이 알맞다.

6 빈도부사(often)는 일반동사(wears) 앞에 써야 한다.

7 ① so(그렇게), ③ quite(꽤, 상당히), ④ very(매우), ⑤ really(정말로) 등은 모두 부사로서 형용사를 꾸미지만, ② to(~로)는 부사가 아니다.

8 〈소유격 + 형용사 + 명사〉의 순서로 써야 하므로 ⑤는 my English teacher가 되어야 한다.

9 숫자는 형용사 앞에 써야 하므로 ④는 three good friends가 되어야 한다.

10 ⑤는 부사 high(높게)로 바꿔 써야 한다.

11 〈지시형용사 + 형용사 + 명사〉의 순서가 되어야 하므로, this는 yellow 앞에 써야 한다.

12 pretty는 형용사로서 '예쁜', 부사로서 '꽤, 상당히'라는 뜻이 있다.

13 빨간 모자는 5달러로 가격이 싸고(cheap), 파란 모자는 50달러로 가격이 비싸다(expensive).

14 빈도부사는 일반동사 앞에 오므로 ③은 Tim sometimes goes camping.으로 써야 한다.

15 '그는 예의 바른 일꾼이다.'를 '그 일꾼은 예의가 바르다.'가 되도록 바꿔야 하므로, be동사(is)를 쓰고 주어를 설명하는 형용사(polite)를 쓴다.

16 too와 very는 부사로 뒤의 형용사(busy)를 꾸미고, loudly는 부사로서 동사(shouts)를 꾸미고, long(오래)은 형용사와 형태가 같은 부사로 동사(live)를 꾸민다.

17 〈관사 + 형용사 + 명사〉의 순서로 쓰고, 형용사(difficult)를 꾸며주는 부사 very는 형용사 앞에 쓴다.

18 〈숫자 + 형용사 + 명사〉의 순서로 주어를 쓰고 be동사(are)를 쓴다.

19 (1) 월요일부터 토요일까지 매일 아침을 먹으므로 always(항상)가 알맞다.
(2) 화요일과 금요일에만 체육관에 가므로 sometimes(가끔)가 알맞고, 주어인 Jenny가 3인칭 단수이므로 동사는 go에 -es를 붙인 goes를 써야 한다.
(3) 피아노를 치는 요일은 없으므로 never(결코 ~하지 않다)가 알맞고, 주어인 Jenny가 3인칭 단수이므로 동사는 play에 -s를 붙인 plays가 알맞다.

20 빈칸은 모두 부사 자리로, 각각 late(늦게), fast(quickly)(빨리), pretty(quite)(꽤), early(일찍)가 알맞다.

Unit 5 조동사

15 can의 의미와 쓰임 pp. 62~63

A 2 can be 3 can fix 4 can bake 5 can play 6 can be

B 2 cannot, can 3 can, cannot 4 can, cannot 5 cannot, can 6 cannot, can

C 2 Can you make spaghetti? / can
3 Can they speak Chinese? / can't
4 Can she swim in the ocean? / can't
5 Can you do magic? / can
6 Can they live without water? / can't

16 may의 의미와 쓰임 pp. 64~65

A 2 may snow 3 may watch 4 may be 5 May, try 6 may not be

B 1 may 2 may 3 may not 4 may not 5 may 6 may

C 2 사용해도 됩니다 3 먹어도 되나요 4 늦을지도 모른다 5 알지 못할지도 모른다

17 must, have to의 의미와 쓰임 pp. 66~67

A 1 must not 2 must not 3 must 4 must not 5 must 6 must not

B 1 have to 2 have to 3 has to 4 has to 5 have to

C 1 don't have to 2 don't have to 3 doesn't have to 4 must not 5 doesn't have to 6 must not

18 should의 의미와 쓰임 pp. 68~69

A 1 should 2 shouldn't 3 should 4 should 5 should not 6 shouldn't 7 should 8 should

B 2 shouldn't talk loudly   3 should stand in line
   4 shouldn't enter the cages

C 2 should use   3 should not(shouldn't) go
   4 should take   5 should not(shouldn't) run

Wrap-up Test
pp. 70~71

1 ①   2 ②   3 ⑤   4 ③   5 ④   6 ④   7 ③
8 ②   9 ⑤   10 ③   11 ①   12 has to   13 They
don't have to stand in line.   14 You may play
outside.   15 should not cross

1   '~할 수 있다'라는 의미의 조동사는 can이다.

2   '~해야 한다'라는 의미의 조동사는 must와 have to이다.
   주어가 You(2인칭)이므로 ④ has to는 쓸 수 없다.

3   '~할 필요가 없다'는 don't(doesn't) have to이다. 주어가
   She(3인칭 단수)이므로 doesn't have to가 알맞다.

4   조동사 can 뒤에는 동사원형이 와야 하므로 각각 be와
   speak가 알맞다.

5   주어가 He(3인칭 단수)이므로 has to를 쓰고, has to 뒤에는
   동사원형이 오므로 brush로 바꿔 써야 한다.

6   May I ~?에 대한 부정의 대답은 No, you may not.으로,
   may not은 mayn't로 줄여 쓸 수 없다.

7   첫 번째 빈칸에는 '~이 아닐지도 모른다'는 의미의 may not이
   알맞고, 두 번째 빈칸에는 '~해서는 안 된다'는 의미의 must
   not이 알맞다.

8   ② '수영장에서 수영해서는 안 된다.'는 수영장에서 지켜야 할
   규칙이 아니다.

9   must not은 '~해서는 안 된다'라는 의미이다. '~할 필요가
   없다'는 don't have to로 써야 한다.

10   Can he ~?에 대한 부정의 응답은 No, he can't.이다.

11   치통이 있다고 했으므로 '너는 치과에 가야 해.'가 알맞은
   응답이고, 주어가 You(2인칭)이므로 ① have to(~해야 한다)가
   빈칸에 알맞다.

12   must는 have(has) to로 바꿔 쓸 수 있다. 주어가 3인칭
   단수이므로 has to를 써야 한다.

13   주어 They를 쓰고, '~할 필요가 없다'는 뜻의 조동사 don't
   have to를 쓴 후, 이어서 stand in line을 쓴다.

14   주어 You를 쓰고 '~해도 된다'는 뜻의 조동사 may와 동사
   play를 쓴 후, outside를 마지막에 쓴다.

15   '~해서는 안 된다'라는 의미의 should not과 '건너다'라는
   의미의 cross를 사용한다.

Unit 6 전치사

19 시간을 나타내는 전치사
pp. 74~75

A 1 on   2 on   3 at   4 in   5 in   6 in   7 in   8 on
   9 at   10 at   11 in   12 at

B 1 at   2 in   3 in   4 on   5 at   6 on

C 2 at → in   3 in → on   4 on → in   5 in → on
   6 in → at   7 on → at

20 위치를 나타내는 전치사
pp. 76~77

A 1 on   2 under   3 in front of   4 in   5 behind
   6 between

B 1 in   2 under   3 next to   4 in front of   5 on
   6 behind

C 1 between   2 under   3 on   4 in   5 next to

21 방향을 나타내는 전치사
pp. 78~79

A 1 into, out of   2 down, up   3 from, to
   4 across, along

B 1 ①   2 ①   3 ②   4 ①   5 ②

C 1 into   2 across   3 to   4 out of   5 up

Wrap-up Test
pp. 80~81

1 ②   2 ④   3 ⑤   4 ④   5 ③   6 ③   7 ①
8 ⑤   9 ②   10 ①   11 between, and   12 under
13 down the stairs   14 into the swimming pool
15 The lake is far from here.

1   '~ 위에'라는 뜻과 요일 앞에 쓸 수 있는 전치사는 on이다.

2   '~ 옆에'라는 뜻의 전치사는 next to이다.

3   '~ 밖으로'라는 뜻의 전치사는 out of이다.

4   '~을 가로질러'라는 뜻의 전치사는 across이다.

5   Jenny가 Mike의 앞에 앉아 있으므로 Mike는 Jenny의 뒤에
   앉아 있음을 알 수 있다. 따라서 '~ 뒤에'라는 의미의 전치사
   behind가 알맞다.

6 특정한 날짜 앞에는 on을 쓰고, 'A와 B 사이에'는 between A and B이므로 between이 알맞다.

7 '~ 안에'라는 의미의 전치사는 in이고, '~을 따라서'라는 의미의 전치사는 along이다.

8 ① 계절(winter), ② 월(December), ③ 연도(2005), ④ 아침 (the morning) 앞에는 전치사 in을 쓰고, ⑤ 시간(seven) 앞에는 at을 쓴다. 따라서 ⑤는 at이 알맞고 나머지는 모두 in이 알맞다.

9 요일 앞에는 on을 쓰므로, ②는 They go to the movies on Thursday.가 되어야 한다.

10 clock(시계)이 벽 위에 있으므로 on이 알맞다. 따라서 ①은 The clock is on the wall.이 되어야 한다.

11 'A와 B 사이에'는 between A and B이다.

12 '~ 아래에'는 under이다.

13 '~ 아래로'는 down이므로 up을 down으로 고쳐 써야 한다.

14 '~ 안으로'는 into이므로 out of를 into로 고쳐 써야 한다.

15 '그 호수는 멀다'를 〈주어 + be동사 + 형용사〉의 순서로 쓰고, '~으로부터'를 의미하는 전치사 from을 쓰고 '여기'를 의미하는 here 순서로 쓴다.

Unit 7 There is[are] ~

22 There is + 단수 명사 / There are + 복수 명사 pp. 84~85

A 1 is 2 is 3 are 4 is 5 are 6 are 7 are

B 2 milk 3 a bicycle 4 babies 5 an eraser
6 frogs 7 pots 8 a wolf

C 2 is, egg 3 are, oranges 4 is, juice 5 are, forks

23 There is[are]의 부정문과 의문문 pp. 86~87

A 1 isn't 2 aren't 3 aren't 4 aren't 5 isn't
6 isn't 7 aren't 8 isn't

B 1 Are, are 2 Is, isn't 3 Are, are 4 Are, aren't
5 Is, is 6 Is, isn't

C 2 Are there 3 Is there 4 Are there
5 There aren't 6 There isn't

Wrap-up Test pp. 88~89

1 ③ **2** ⑤ **3** ① **4** ② **5** ③ **6** ② **7** ①
8 ④ **9** ② **10** ② **11** ⑤ **12** there isn't **13** are,
is **14** There isn't my green sweater in the closet.
15 Are there three chefs in the restaurant?

1 There is 뒤에는 단수 명사와 셀 수 없는 명사만 올 수 있다. ③ car keys(자동차 열쇠들)는 복수 명사이므로 동사는 are를 써야 한다.

2 There are 뒤에는 복수 명사만 올 수 있으므로 ⑤ a large park(큰 공원 하나)는 빈칸에 올 수 없다.

3 There로 시작하는 문장으로 '~가 있다'라는 뜻의 〈There is[are] ~〉 구문이고 juice(주스)는 셀 수 없는 명사이므로 is가 알맞다.

4 There로 시작하는 문장으로 '~가 있다'라는 뜻의 〈There is[are] ~〉 구문이고 three monkeys(세 마리의 원숭이)는 복수 명사이므로 are가 알맞다.

5 ③ some water(약간의 물)는 셀 수 없는 명사이므로 is를 써야 한다.

6 There are ~.의 부정문은 are 뒤에 not을 넣은 There are not ~.의 형태로 쓰므로 ②가 알맞다.

7 '은행 하나'라고 했으므로 단수 동사 is를 사용하며, 의문문이므로 〈Is there + 단수 명사 ~?〉로 써야 한다.

8 Are there ~?로 물었으므로, Yes, there are.나 No, there aren't.로 답해야 한다.

9 his hat(그의 모자)은 단수 명사이고, some cheese(약간의 치즈)는 셀 수 없는 명사이므로 is가 알맞고, six biscuits(비스킷 여섯 조각)는 복수 명사이므로 are가 알맞다.

10 ② some bread(약간의 빵)는 셀 수 없는 명사이므로 There is가 되어야 한다.

11 a tree(나무)는 bench(벤치) 뒤가 아니라 벤치 앞에 있으므로, ⑤는 There is a tree in front of the bench.가 되어야 한다.

12 Is there ~?로 물었으므로 No, there isn't.로 답해야 한다.

13 some meat(약간의 고기)는 셀 수 없는 명사이므로 are는 is로 고쳐 써야 한다.

14 〈There isn't + 주어 + 장소를 나타내는 말〉 순서로 쓴다.

15 복수 명사(three chefs)를 주어로 갖는 의문문이므로 〈Are there + 주어 + 장소를 나타내는 말 ~?〉 순서로 쓴다.

Unit 5~7　Final Test

1 ③　2 ①　3 ⑤　4 ④　5 ⑤　6 ③　7 down, into　8 can, across　9 from, to　10 ⑤　11 ④
12 ①, ⑤　13 ②　14 ④　15 ②, ④　16 ②
17 Is, there isn't　18 There are two butterflies on the rose.　19 should, should, shouldn't　20 is, are, next to, between

1 '~해야 한다'는 의미의 have(has) to는 must와 바꿔 쓸 수 있다.

2 Of course.(물론입니다.)라고 답하고 있으므로 상대방에게 허락을 구하는 말이 와야 하므로, '제가 ~해도 되나요?'라는 뜻의 〈May I + 동사원형 ~?〉의 May가 빈칸에 알맞다.

3 손이 더럽다고 말하는 사람에게 '너는 손을 씻는 게 좋겠다.'라고 충고하는 상황이므로 should가 알맞다.

4 '너는 너의 부모님께 나쁜 말을 하지 말아야 한다.'가 되어야 하므로 '~하면 안 된다'라는 뜻의 mustn't가 알맞다.

5 don't have to는 '~할 필요가 없다'는 의미이며, '~해서는 안 된다'는 must not이다.

6 ③은 '~일지도 모른다'라는 의미로 추측을 나타내고, 나머지는 모두 '~해도 좋다'라는 의미의 허락을 나타낸다.

7 down은 '~ 아래로'이므로 '~ 안으로'를 뜻하는 into로 고쳐 써야 한다.

8 '~할 수 있다'라는 의미의 조동사는 can이고, '~을 가로질러'라는 의미의 전치사는 across이다.

9 '~으로부터'라는 의미의 전치사는 from이고, '~으로'는 전치사 to이다.

10 탁자 아래에 공이 있으므로 ⑤는 under(~ 아래에)가 되어야 한다.

11 ④는 '요리 수업이 7월에 시작한다.'는 뜻으로, 월 이름 앞에는 전치사 in을 써야 한다.

12 mustn't는 '반드시 ~하지 말아야 한다'라는 강한 의무를 나타내고, should not은 '~하면 안 된다, ~하지 않는 것이 좋겠다'라는 충고를 나타낸다.

13 Are there 뒤에는 복수 명사가 와야 한다. ② any warm water(약간의 따뜻한 물)는 셀 수 없는 명사로, 빈칸에 올 수 없다.

14 '~ 앞에'는 in front of, '~ 옆에'는 next to이다.

15 There is 뒤에는 단수 명사만 올 수 있다. ② many children(많은 어린이들)과 ④ three pencils(세 자루의 연필)는 복수 명사이므로 There are를 써야 한다.

16 rice(쌀)는 셀 수 없는 명사이고, '~이 없다'고 했으므로 빈칸에는 There isn't가 와야 한다.

17 your car(너의 차)는 단수 명사이므로 동사는 Is를 써야 하고, No라고 답했으므로 there isn't를 써야 한다.

18 There are 뒤에 복수 명사 two butterflies를 쓰고 이어서 위치를 나타내는 말 on the rose를 쓴다.

19 수업 중에는 핸드폰을 끄고, 선생님 말씀에 귀 기울여야 하므로, 첫 번째와 두 번째 빈칸은 should가 알맞고, 친구들과 떠들지 말아야 하므로 마지막 빈칸은 shouldn't가 알맞다.

20 a bed(침대 하나)는 단수 명사이므로 is가 알맞고, some books(몇 권의 책들)는 복수 명사이므로 are가 알맞다. a ball(공)은 the pencils(연필들) 옆에 있으므로 next to를 써야 하고, a desk(책상)는 the bed(침대)와 the mirror(거울) 사이에 있으므로 between을 써야 한다.

Unit 1 일반동사의 현재시제

01 be동사와 일반동사   pp. 2~3

개념 빈칸 채우기
1 동작   2 이다   3 있다   4 간다   5 먹는다

A 1 √   3 √   4 √   6 √   8 √

B 1 (1) ② (2) ①   2 (1) ② (2) ①   3 (1) ② (2) ①

C 1 exercise   2 are   3 is   4 help

Build-up Writing   pp. 4~5

A 2 My brother hates fish.
   3 He is a famous movie director.
   4 Many people take the subway.
   5 A giraffe has a long neck.
   6 This pencil is mine.
   7 I need a new mobile phone.
   8 Those boys are tall.
   9 Brad plays computer games.
   10 China is a huge country.

B 2 I have a piece of cheesecake.
   3 You are classmates.
   4 They love their parents.
   5 An airplane is in the sky.
   6 The boy is hungry.
   7 We see stars every night.
   8 Jack and his sister want pizza.

02 3인칭 단수 주어와 일반동사(규칙 변화)   pp. 6~7

개념 빈칸 채우기
1 3   2 단수   3 eat   4 eats

Grammar vs. Grammar
1 √   3 √   6 √

A 1 eat   2 plays   3 meets   4 walks   5 visit

B 2 A koala, sleeps   3 My friends, like   4 This bus, goes   5 They, believe   6 He, works

C 2 practices   3 knocks   4 need   5 makes   6 takes

Build-up Writing   pp. 8~9

A 2 The Earth moves around the Sun.
   3 My first class begins at 9 o'clock.
   4 Carol likes the boy band.
   5 Pandas eat bamboo.   6 She enjoys fishing.

B 2 A kangaroo jumps high.
   3 We speak Chinese.   4 The man dances well.
   5 The puppy follows me.   6 He wears a hat.

C 2 holds a bowl   3 waters the plant
   4 walk my dog   5 sends messages
   6 writes a diary   7 play baseball   8 works hard
   9 listens to music

03 3인칭 단수 주어와 일반동사(불규칙 변화)   pp. 10~11

개념 빈칸 채우기
1 -es   2 i   3 -s   4 has

Grammar vs. Grammar
1 s   2 s   3 es   4 s   5 es   6 s   7 s   8 es

A 1 swims, cooks, plays
   2 finishes, does, misses, catches
   3 cries, carries, fries, dries

B 1 goes   2 studies   3 fixes   4 have   5 brushes
   6 dries

C 1 catches   2 buys   3 shine   4 crosses   5 carries
   6 has

Build-up Writing   pp. 12~13

A 2 Mr. Park teaches history.
   3 Tom's mom does the laundry.
   4 It snows a lot in winter.
   5 The washing machine dries clothes.
   6 He mixes sugar and flour.

B 2 Tom flies the kites.
   3 My mom worries about me.
   4 Roy washes the dishes.
   5 She kisses the doll.
   6 Jin has many friends.

C 2 The tall man carries this desk.
  3 Tom and I wash our new car.
  4 She misses her grandson.
  5 Kelly says, "Watch out!"
  6 The movie finishes at 8.
  7 We go to the same school.
  8 The store has many vegetables.
  9 A butterfly flies over the rose.

Review Test
pp. 14~15

1 ⑤ 2 ① 3 ② 4 ④ 5 ③ 6 ③ 7 ③
8 are, do 9 ④ 10 ① 11 ② 12 ⑤ 13 She
brushes her teeth every day. 14 snows, makes
15 예시답안 do my homework(play soccer)

1 teach는 -ch로 끝나므로 -es를 붙인 teaches가 3인칭 단수 현재형이다.

2 She는 3인칭 단수 주어이므로 ① read는 reads로 써야 한다.

3 ② The girl(그 소녀)은 3인칭 단수 주어이므로 동사는 has를 써야 한다.

4 〈I=many plates(많은 접시들)〉가 성립하지 않으므로 빈칸에는 need, have 등의 일반동사가 와야 한다.

5 Daniel은 3인칭 단수 주어이므로 runs, Horses(말들)는 복수 주어이므로 run을 써야 한다.

6 '내 남동생과 나는 피곤하다.'가 되어야 하므로 be동사가 와야 하는데 My brother and I는 복수 주어이므로 are가 알맞다. We는 복수 주어이므로 try가 알맞다.

7 A giraffe(기린)는 3인칭 단수 주어이므로 has가 알맞고, The students(그 학생들)는 복수 주어이므로 have가 알맞다.

8 '짐과 잭은 오스카의 집에 있다.'라는 뜻이 되어야 하므로 be동사 are가 알맞고, They는 복수 주어이므로 do가 알맞다.

9 ④ My cousins(나의 사촌들)는 복수 주어이므로 live를 써야 한다.

10 ① Tim은 3인칭 단수 주어이므로, 동사 worry는 y를 i로 고치고 -es를 붙인 worries를 써야 한다.

11 Many people은 복수 주어이고, 빈칸에는 일반동사가 와야 하므로 go가 알맞다.

12 빈칸 뒤에 목적어(the ball)가 있으므로 일반동사가 와야 한다. The baseball player는 3인칭 단수 주어이고, catch는 -ch로 끝나므로 -es를 붙인 catches가 알맞다.

13 주어인 She를 쓰고, 주어가 3인칭 단수이므로 brush에 -es를 붙인 brushes를 동사로 쓰고 목적어인 her teeth와 '매일'을 뜻하는 every day를 쓴다.

14 It은 3인칭 단수 주어이므로 동사 snow에 -s를 붙인 snows가 알맞고, Tony도 3인칭 단수 주어이므로 makes가 알맞다.

15 '나는 방과 후에 _____.'라는 뜻이 되도록 빈칸에 자신의 상황에 맞는 말을 넣어 문장을 완성한다. 주어가 I이므로 동사원형을 써야 한다.

Unit 2 일반동사의 부정문과 의문문

04 일반동사의 부정문
pp. 16~17

개념 빈칸 채우기
1 does 2 원형 3 do not eat 4 does not eat
5 doesn't

Grammar vs. Grammar
2 We are not on the playground. 3 He is not angry.
4 You do not have two cousins.
5 It is not a small bird. 6 I do not like blue.

A 1 does not 2 do not 3 do not 4 do not
  5 does not 6 do not

B 1 mixes, mix 2 needs, need 3 work, works
  4 meet, meets 5 drink, drink

C 2 doesn't like 3 don't eat 4 doesn't lay
  5 doesn't carry 6 don't sleep

Build-up Writing
pp. 18~19

A 2 doesn't stop 3 doesn't wear
  4 don't cry 5 doesn't have
  6 don't brush 7 doesn't mix
  8 don't fry 9 doesn't start 10 don't like

B 2 This animal doesn't have wings.
  3 The man doesn't smile at her.
  4 This computer doesn't work well.
  5 I don't have many books.
  6 He doesn't change his clothes.
  7 The show doesn't finish at 10.

8 We don't grow corn.

9 My sisters don't go to the gym.

10 The turtle doesn't move quickly.

11 They don't sell cookies.

12 Carl doesn't wash his hands.

---

05 일반동사의 의문문　　　　　　pp. 20~21

pp. 20~21

개념 빈칸 채우기

1 Do　2 Does　3 원형　4 Do they　5 Does he

Grammar vs. Grammar

1 ①　2 ②　3 ②　4 ②　5 ①

A 1 ②　2 ①　3 ②　4 ①　5 ①　6 ②

B 1 Do, study　2 Does, rise　3 Do, live

4 Does, have　5 Does, catch　6 Do, wear

C 2 Does, ride　3 Do, save　4 Does, ask

5 Do, build

Build-up Writing　　　　　　pp. 22~23

A 2 Does she drink　3 Do you speak

4 Does he fix　5 Does she read

6 Do they move　7 Does it fly

8 Does he study　9 Do you collect

10 Does she go

B 2 Do they grow chickens?

3 Does the machine dry food?

4 Does Sarah like horror movies?

5 Do Asian people eat rice?

6 Does the bakery sell cakes?

7 Do those students use YouTube?

8 Does the school have online classes?

9 Do you and your sister walk home?

10 Does she water the plant?

---

06 일반동사의 의문문에 대한 대답　　pp. 24~25

pp. 24~25

개념 빈칸 채우기

1 do　2 don't　3 he does　4 he doesn't　5 Yes they do　6 No they don't　7 don't

---

A 2 she doesn't　3 he does　4 they don't

5 it does　6 she does

B 2 No he doesn't　3 Yes he does　4 Yes he does

5 No he doesn't　6 No he doesn't　7 Yes they do

Build-up Writing　　　　　　pp. 26~27

A 2 No, he doesn't.　3 Yes, she does.

4 Yes, we do.　5 No, it doesn't.

6 Yes, they do.　7 Yes, it does.

8 Yes, he does.　9 No, they don't.

B 2 she doesn't, washes her socks

3 it doesn't, stops for one minute

4 he doesn't, likes science books

5 it doesn't, finishes at seven

6 he doesn't, plays basketball

7 they don't, have fins

8 I don't, take the subway

9 we don't, work at the library

Review Test　　　　　　pp. 28~29

pp. 28~29

1 ⑤　2 ④　3 ①　4 ⑤　5 ③　6 ①　7 ②
8 (1) The men (2) ladybugs　9 ②　10 ④　11 ⑤
12 doesn't do, does　13 Do they build a house
14 Does, he doesn't, speaks　15 예시답안 Yes, I
do.[No, I don't.]

---

1 3인칭 단수 주어가 쓰인 일반동사의 부정문은 doesn't를 써야
한다.

2 3인칭 단수 주어가 쓰인 일반동사의 의문문은 〈Does + 주어 +
동사원형 ~?〉의 형태로 쓰므로 Does she study로 써야 한다.

3 Does로 시작하는 의문문이므로 빈칸에는 3인칭 단수 주어만 올
수 있다. ① Tom and Paul은 복수 주어이므로 빈칸에 들어갈
수 없다.

4 ⑤ the tree(그 나무)는 3인칭 단수 주어로 〈Does + 주어 +
동사원형 ~?〉이 되어야 하므로 has를 have로 고쳐야 한다.

5 Tom은 3인칭 단수 주어이므로 doesn't가 알맞고, this
store(이 가게)는 3인칭 단수 주어로 〈Does + 주어 + 동사원형
~?〉이 되어야 하므로, sell이 알맞다.

6 He는 3인칭 단수 주어이므로 doesn't drink로 써야 한다.
your grandparents(너의 조부모님)는 복수 주어이므로
〈Do + 주어 + 동사원형 ~?〉으로 써야 한다.

7 ① feed not → don't feed, ③ cook → cooks, ④ begins → begin, ⑤ Do → Does로 바꿔 써야 한다.

8 ⑴ don't가 쓰였으므로 복수 주어인 The men(그 남자들)이 알맞다.
⑵ Do가 쓰였으므로 복수 주어인 ladybugs(무당벌레들)가 알맞다.

9 Does로 물었으므로 주어 a giraffe(기린)를 주격대명사 it으로 바꾼 Yes, it does.나 No, it doesn't.가 응답으로 알맞다.

10 Do로 물었으므로 주어 those people(저 사람들)을 주격대명사 they로 바꾼 Yes, they do.나 No, they don't.가 응답으로 알맞다.

11 ⑤ Sam and Michael은 주격대명사 they로 바꿔서 대답해야 하므로 No, they don't.로 써야 한다.

12 Ally는 3인칭 단수 주어이므로 첫 번째 빈칸은 〈doesn't +동사원형〉의 형태로 쓰고, 두 번째 빈칸에는 does를 써야 한다.

13 일반동사의 의문문은 〈Do(Does)+주어+동사원형 ~?〉의 형태로 쓴다.

14 3인칭 단수 주어가 쓰인 일반동사 의문문이므로 Does를 쓰고, No라고 답했으므로 주어에 맞게 he doesn't로 쓰고, He는 3인칭 단수 주어이므로 speaks로 써야 한다.

15 영어 수업을 즐긴다면 Yes, I do.로 답하고 그렇지 않으면 No, I don't.로 답한다.

Unit 3 형용사

07 형용사의 역할(한정적 용법) pp. 30~31

개념 빈칸 채우기
1 명사 2 앞 3 짠 4 네모의 5 바람 부는

A 1 hot 2 tall 3 sweet 4 dark 5 deep 6 sunny 7 comfortable 8 long 9 exciting 10 cold 11 loud 12 red

B 1 black 2 Sick 3 delicious 4 heavy 5 expensive 6 smart

C 2 yellow hat 3 old tractor 4 thick fur 5 strong men 6 sharp knife

Build-up Writing pp. 32~33

A 2 drink, This cold drink is sweet.
3 snacks, Does she like salty snacks?
4 jacket, He wears a gray jacket.
5 books, You read boring books.
6 park, They walk in the big park.
7 lizard, The small lizard is green.
8 movies, Do you watch scary movies?
9 ice cream, They sell soft ice cream.
10 bread, He buys fresh bread.
11 computer, I want a new computer.
12 socks, Are these white socks yours?

B 2 She buys, comfortable bed
3 blue sunglasses are hers
4 famous man is an actor
5 Alex has, weak heart
6 Jason has brown eyes.
7 Sharks eat tiny fish.
8 thin doctor is my aunt
9 young ladies are scientists
10 He likes warm weather.

08 다양한 형용사 pp. 34~35

개념 빈칸 채우기
1 strong 2 wet 3 closed 4 interesting 5 new 6 hungry

A 2 short 3 dark 4 empty 5 foolish 6 slow 7 low 8 dirty 9 weak 10 light 11 lazy 12 quiet

B 1 cheap, expensive 2 round, square 3 dark, bright

C 2 old 3 rich 4 small 5 soft 6 Dirty

Build-up Writing pp. 36~37

A 2 sweet cookies 3 warm milk 4 long boots 5 scary tiger 6 exciting movie

B 2 diligent man 3 easy quiz 4 expensive rooms
   5 boring movie

C 2 They are new students.
   3 You like windy days.
   4 I want short pants.
   5 You are great pianists.
   6 They buy bright curtains.
   7 I make big model airplanes.
   8 They are good neighbors.
   9 He doesn't use wet towels.
   10 These are empty boxes.

09 형용사의 위치   pp. 38~39

개념 빈칸 채우기
1 앞 2 the 3 his 4 two 5 an 6 a
Grammar vs. **Grammar**
1 an, a 2 a, an 3 a, an 4 an, a

A 1 ① 2 ② 3 ② 4 ② 5 ① 6 ②

B 1 my favorite month 2 a lucky girl
   3 three long bridges 4 two hard questions
   5 the wet ground 6 a foolish idea

C 2 This white cap is mine.
   3 She reads an exciting book.
   4 My dad is a good pilot.
   5 We see four brown bears.
   6 The famous singer is a dentist.

Build-up Writing   pp. 40~41

A 2 three big oranges 3 a sweet watermelon
   4 This smart boy 5 the handsome man
   6 an unlucky day 7 a brave policeman
   8 My cute pet 9 the right size
   10 her purple dress 11 An angry man
   12 these heavy suitcases

B 1 He is a fast runner.
   2 We visit an old castle.
   3 These pink flowers are hers.
   4 She wants five clean towels.

5 Harry is an excellent firefighter.
6 That green backpack is yours.
7 February is my favorite month.
8 Tom flies two big kites.
9 I listen to their new songs.
10 His small puppy is in my room.

10 형용사의 서술적 용법   pp. 42~43

개념 빈칸 채우기
1 상태 2 is pretty
Grammar vs. **Grammar**
1 √ 3 √ 5 √

A 1 foggy 2 full 3 happy 4 safe 5 wonderful
   6 interesting 7 angry 8 free

B 2 is honest 3 plates are clean
   4 actress is popular

C 2 is dark 3 are ugly 4 is new 5 are round
   6 are thirsty

Build-up Writing   pp. 44~45

A 2 is poor 3 is right 4 are heavy 5 are lazy
   6 is strong 7 is noisy 8 are good 9 is lucky

B 2 Jenny's sister is lovely.
   3 Kevin and Jane are full.
   4 This color is bright.
   5 That snake is dangerous.
   6 Her sweater is warm.
   7 Two kittens are sick.
   8 Those soldiers are strong.
   9 The farmers are busy.
   10 My watch is slow.

Review Test   pp. 46~47

1 ⑤ 2 ④ 3 ⑤ 4 ③ 5 ② 6 ② 7 ④
8 ⑤ 9 ① 10 ② 11 ④ 12 noisy 13 Does
he want that blue shirt? 14 fat pigs 15 예시답안
Yes, clean room[No, dirty room]

1   ⑤ river(강)는 명사이고 나머지는 모두 형용사이다.

2   ④ windy(바람 부는)는 solider(군인)에 어울리지 않는다. 나머지는 모두 사람의 외모나 성격을 설명하는 형용사이다.

3   ⑤ delicious, yummy는 '맛있는'이라는 뜻으로 의미가 비슷하고, 나머지는 모두 반대말이다.

4   ③ busy(바쁜)와 free(한가한)는 반대말이고, 나머지는 모두 서로 의미가 비슷하다.

5   ② color(색깔)는 명사이다.

6   〈지시형용사 + 형용사 + 명사〉의 순서로 써야 하므로 that thick blanket가 알맞다.

7   〈소유격 + 형용사 + 명사〉의 순서로 써야 하므로 my favorite season이 알맞다.

8   '그 남자는 운이 좋다.'를 〈관사 + 형용사 + 명사〉의 순서에 맞춰 '그는 운이 좋은 남자다.'로 바꿔 써야 한다.

9   〈지시형용사 + 형용사 + 명사〉의 순서로 써야 하므로 That cute baby가 알맞다.

10   〈관사/지시형용사/소유격/숫자 + 형용사 + 명사〉의 순서로 써야 하므로, ②는 Amy likes her pink sweater.가 되어야 한다.

11   ④의 nice(멋진)는 주어를 설명하는 형용사이고, 나머지는 모두 뒤에 있는 명사를 꾸며주는 형용사이다.

12   quiet(조용한)의 반대말은 noisy(시끄러운)이다.

13   〈지시형용사 + 형용사 + 명사〉의 순서로 써야 하므로 Does he want that blue shirt?로 고쳐 써야 한다.

14   '저 돼지들은 뚱뚱하다.'를 '저것들은 뚱뚱한 돼지이다.'가 되도록 바꿔 써야 한다.

15   자신의 방이 깨끗하면 Yes.로 답한 후 clean room.이라고 쓰고, 자신의 방이 더러우면 No.로 답한 후 dirty room이라고 쓴다.

Unit 4 부사

11 부사의 쓰임   pp. 48~49

개념 빈칸 채우기
1 형용사   2 앞   3 뒤

Grammar vs. Grammar
2 √   3 √   6 √

A 2 dresses, beautifully
   3 rains, heavily
   4 flies, high
   5 go, late   6 laugh, loudly

B 2 shiny, The diamond is so shiny.
   3 big, Is this shirt too big for you?
   4 hard, This is a really hard question.
   5 hot, It is so hot today.
   6 good, I have a really good friend.

C 1 very 2 softly 3 perfectly 4 too 5 cheerfully
   6 simply

Build-up Writing   pp. 50~51

A 2 They watch TV quietly.
   3 The director shouts loudly.
   4 The coffee is too hot.
   5 He has a very soft voice.
   6 The team plays very well.
   7 Does your mom drive safely?
   8 Are these pants too large?
   9 The nurse is very kind.
   10 Is the cave really dark?

B 2 The strawberries are very fresh.
   3 She answers each question correctly.
   4 Mary and Jane work so hard.
   5 She puts on makeup quickly.
   6 French people eat dinner slowly.
   7 The students are really nervous.
   8 He wakes up early in the morning.
   9 White clothes get dirty very easily.
   10 We are really lucky.

12 부사의 형태 pp. 52~53

개념 빈칸 채우기

1 부사 2 kindly 3 -ly 4 easily 5 well 6 앞에서

A 1 sadly 2 happily 3 easily 4 busily 5 quickly
6 loudly 7 nicely 8 luckily 9 really

B 2 really, boring(really가 boring을 꾸밈)
3 put on, quickly(quickly가 put on을 꾸밈)
4 so, messy(so가 messy를 꾸밈)
5 talk, slowly(slowly가 talk를 꾸밈)
6 walks, quietly(quietly가 walks를 꾸밈)
7 teaches, kindly(kindly가 teaches를 꾸밈)

C 1 (1) comfortable (2) comfortably
2 (1) lazily (2) lazy
3 (1) noisy (2) noisily
4 (1) well (2) good

Build-up Writing pp. 54~55

A 2 too 3 strangely 4 quite 5 easily 6 proudly
7 dangerous 8 kindly 9 loudly 10 happy
11 heavily 12 quickly

B 1 I don't give up easily.
2 Sohee writes her name neatly.
3 Do birds sing cheerfully?
4 Does the wind blow hard?
5 This ice cream is really cold.
6 He refuses the coffee politely.
7 A swan flaps its wings noisily.
8 The businesswoman dresses up nicely.
9 Many people cheer loudly.
10 He rides a skateboard very well.

13 주의해야 할 부사 pp. 56~57

개념 빈칸 채우기

1 starts 2 부사 3 꽤 4 어렵다 5 딱딱한 6 열심히

A 1 (1) 부사 (2) 형용사 2 (1) 부사 (2) 형용사
3 (1) 형용사 (2) 부사

B 1 near 2 long 3 early 4 hard 5 pretty

C 1 (1) 늦은 저녁을 먹는다 (2) 늦게 잔다
2 (1) 높이 날아가니 (2) 높은 산을 오른다
3 (1) 너무 깊다 (2) 깊이 걸어간다
4 (1) 오래 머무른다 (2) 오랜 시간을

Build-up Writing pp. 58~59

A 1 (1) get up late (2) have a late meeting
2 (1) get a high score (2) jump high
3 (1) takes a deep breath (2) breathes deep
4 (1) work hard (2) a hard problem
5 (1) a pretty sister (2) pretty tall

B 1 Computers calculate so fast.
2 The movie's ending is pretty sad.
3 He finishes his work early.
4 She doesn't go home late.
5 I feel a deep sadness.
6 Sam kicks the ball high.
7 Koreans have a long history.
8 Do you live near here?
9 The family leaves early tomorrow.
10 These stones aren't so hard.

14 빈도부사 pp. 60~61

개념 빈칸 채우기

1 때때로 2 항상, 언제나 3 뒤 4 앞 5 always
6 always

A 2 usually – b 3 never – e 4 often – c
5 sometimes – a

B 1 ② 2 ① 3 ② 4 ① 5 ①

C 2 is usually 3 sometimes has 4 am often
5 never laughs

Build-up Writing pp. 62~63

A 2 I often change my clothes.
3 Our boss is never late for work.
4 My husband always drinks cold water.
5 Many people sometimes work from home.
6 The weather is usually warm in spring.
7 He never wastes time.

8 The food at the restaurant is always yummy.

9 The man sometimes writes letters.

10 She often wears her favorite skirt.

B 1 I usually walk to school.

2 Robert is never angry at me.

3 The musician often performs here.

4 My dog sometimes runs away.

5 Comic books are always funny.

6 I often check my calendar.

7 We sometimes visit our grandparents.

8 My brother's room is never clean.

9 The rabbit always runs fast.

10 They are usually in the office.

Review Test   pp. 64~65

1 ④   2 ③   3 ④   4 ①   5 ②   6 ④   7 ⑤
8 are usually   9 loudly   10 ③   11 ②   12 cleans
never, never cleans   13 We often watch movies
14 sometimes rains heavily   15 예시답안 I often
play computer games.

1 ④ noisy의 부사형은 noisily이다.

2 ③ fast는 형용사와 부사의 형태가 같다.

3 빈칸 뒤의 형용사 nervous(긴장한)를 꾸밀 수 있는 것은
   부사이다. ④ quiet(조용한)는 형용사로, 부사로 쓰이는
   quite(꽤)와 혼동하지 않도록 주의한다.

4 의미상 첫 번째 빈칸에는 부사 hard(열심히), 두 번째 빈칸에는
   형용사 hard(딱딱한)가 알맞다.

5 ② lovely(사랑스러운)는 형용사이고 나머지는 모두 동사, 다른
   부사, 형용사를 수식하는 부사이다.

6 첫 번째 빈칸에는 부사(very)의 꾸밈을 받는 부사 well이 알맞고,
   두 번째 빈칸에는 명사(swimmer)를 꾸며주는 형용사 good이
   알맞다.

7 빈칸에 각각 형용사(hot)를 꾸며주는 부사 really가 알맞고,
   동사(passes)를 꾸며주는 부사 easily가 알맞고, 동사(sings)를
   꾸며주는 cheerfully가 알맞다.

8 빈도부사(usually)는 be동사(are) 뒤에 써야 한다.

9 동사(laughs)를 꾸며주는 부사 loudly(시끄럽게)가 와야 한다.

10 ⓑ noisily는 부사이므로 주어(My dog)를 설명하는 형용사
   noisy로 써야 맞다. ⓒ 형용사 late(늦은)의 부사형은
   late(늦게)이다. lately가 되면 '최근에'라는 뜻으로 의미가
   달라진다.

11 빈도부사는 be동사 뒤, 일반동사 앞에 오므로 ②는 Andy
   always helps his friends.로 써야 한다.

12 빈도부사(never)는 일반동사(cleans) 앞에 써야 한다.

13 주어(We)를 쓰고, 빈도부사(often)는 일반동사(watch) 앞에,
   그 후 목적어(movies) 순서로 쓴다.

14 빈도부사(sometimes)를 일반동사(rains) 앞에 쓰고, 부사
   heavily를 이어서 쓴다.

15 컴퓨터 게임을 얼마나 자주 하는지 묻고 있으므로 자신의 상황에
   맞게 알맞은 빈도부사를 사용하여 동사 play 앞에 써서 답한다.

Unit 5   조동사

15   can의 의미와 쓰임   pp. 66~67

개념 빈칸 채우기

1 can   2 동사원형   3 swim   4 cannot   5 he can
6 he can't

A 2 can be   3 can ride   4 can learn   5 can carry
6 can be

B 2 cannot, can   3 cannot, can   4 can, cannot
5 cannot, can   6 cannot, can

C 2 Can you solve this problem? / can
3 Can they jump high? / can
4 Can he fix the roof? / can't
5 Can you throw the ball far? / can
6 Can it catch a mouse? / can't

Build-up Writing   pp. 68~69

A 2 Can eagles see
3 I cannot answer
4 Chocolate can be dangerous
5 Can you climb a hill
6 They can't enter the theater
7 My brother cannot count

8 They can be good parents

9 Can your grandmother use

10 Can people live

B 2 Dolphins cannot(can't) live

3 He cannot(can't) use this machine

4 Can you visit my house

5 An octopus can change

6 We can travel

7 Can she tie her shoelaces

8 The plant cannot(can't) grow

9 The astronauts cannot(can't) fix

10 Can the boy carry the boxes

16 may의 의미와 쓰임 pp. 70~71

개념 빈칸 채우기

1 may 2 동사원형 3 올지도 모른다 4 may 5 may not 6 May

A 2 May, sit 3 may wear 4 may not park
5 may be 6 may not like

B 1 may 2 may 3 may not 4 may 5 may not
6 may not

C 2 들어가도 됩니다 3 놓칠지도 몰라 4 방문해도 되나요
5 좋아하지 않을지도 모른다

Build-up Writing pp. 72~73

A 2 His story may not be funny.

3 May I ask some questions?

4 You may leave now.

5 They may come to the party.

6 The rumor may not be true.

7 May I borrow the novel?

8 You may not bring your pets.

9 His advice may be helpful.

10 The class may not finish early.

B 2 May I drive 3 He may not be
4 You may sleep 5 may I invite
6 You may stay 7 It may rain
8 She may be 9 You may not use
10 He may not know

17 must, have to의 의미와 쓰임 pp. 74~75

개념 빈칸 채우기

1 must 2 has to 3 먹어서는 안 된다 4 먹을 필요가 없다

A 1 must 2 must not 3 must not 4 must not
5 must 6 must not 7 must

B 1 have to 2 have to 3 has to 4 have to
5 has to

C 1 must not 2 doesn't have to 3 must not
4 don't have to 5 don't have to 6 must not

Build-up Writing pp. 76~77

A 1 (1) don't have to (2) have to

2 (1) have to (2) don't have to

3 (1) has to (2) doesn't have to

4 (1) have to (2) don't have to

5 (1) doesn't have to (2) has to

6 (1) have to (2) don't have to

7 (1) doesn't have to (2) has to

B 2 He doesn't have to wait for the bus

3 We must(have to) be careful with fire

4 She must not eat salty food

5 I must(have to) feed my dog

6 He doesn't have to tell the secret

7 You must not throw trash

8 We must not use our cell phones

9 They don't have to leave the hotel

10 They must(have to) do volunteer work

18 should의 의미와 쓰임 pp. 78~79

개념 빈칸 채우기

1 자야 한다 2 먹으면 안 된다 3 shouldn't

A 1 should 2 should 3 should 4 should
5 should 6 should 7 should not 8 shouldn't

B 2 shouldn't eat fast food

3 should wear a swimming cap

4 shouldn't take flowers

C 2 should not[shouldn't] drink

3 should recycle

4 should bring

5 should not[shouldn't] give

Build-up Writing
pp. 80~81

A 1 He should drive a car slowly.

2 You should not follow strangers.

3 We should not waste our time.

4 You should not bring food

5 Clair should change her clothes.

6 Will should not tell the story

7 You should wear a helmet

8 She shouldn't read mean comments

9 You should turn off the light

10 Rick should take care of his baby sister.

B 2 He shouldn't tease his little brother.

3 You shouldn't say bad words to your mom.

4 She should finish her homework.

5 He shouldn't be late for school.

6 She shouldn't buy very expensive bags.

7 You should be nice to your friends.

8 They shouldn't forget to lock the door.

9 He should clean his room.

10 I shouldn't watch TV too much.

Review Test
pp. 82~83

1 ⑤   2 ③   3 ②   4 ②   5 ④   6 May

7 doesn't have to   8 ②   9 ②   10 ⑤   11 ③

12 You must eat a lot of vegetables.   13 can,

can't[cannot]   14 don't have to   15 예시답안

Yes, I can.[No, I can't.]

1   don't have to는 '~할 필요가 없다'라는 의미이다. '~해서는 안 된다'는 must not, should not, may not으로 쓴다.

2   조동사 뒤에는 동사원형이 오므로 ②, ④, ⑤는 알맞지 않으며, 목적어가 Chinese(중국어)이므로 내용상 read(읽다)가 알맞다.

3   '~일지도 모른다'라는 의미의 조동사는 may이다.

4   '~해야 한다'라는 의미의 조동사는 must이다.

5   '너 아파 보여.'라는 말 뒤에는 '너는 집에서 휴식을 취하는 게 좋겠다.'라는 말이 오는 것이 자연스럽다.

6   Yes. you may.로 답했으므로 이에 대한 질문은 May I ~?가 되어야 한다.

7   '내일이 휴일이므로 아빠는 일하러 갈 필요가 없다'라는 의미가 되어야 하므로, '~할 필요가 없다'는 뜻의 doesn't have to가 알맞다.

8   Can you ~?로 물었으므로 Yes, I can.이나 No, I can't.가 대답으로 알맞다.

9   소리 내지 말라는 표지판이므로, ② '여기서는 떠들지[소리를 내지] 마십시오.'가 어울리는 말이다.

10   ⑤의 주어(He)가 3인칭 단수이므로 doesn't have to find를 써야 한다.

11   '어두운 곳에서 책을 읽는 것은 눈에 안 좋으니 책을 읽으면 안 된다'라는 뜻이 되어야 하므로 첫 번째 빈칸은 shouldn't나 may not이 알맞고, '서두르지 않으면 버스를 놓칠지도 모른다'라는 뜻이 되어야 하므로 두 번째 빈칸은 '~일지도 모른다'는 뜻의 조동사 may가 알맞다.

12   〈조동사＋동사원형〉으로 쓰므로, eats는 eat로 고쳐 써야 한다.

13   '~할 수 있다'는 can이고, '~할 수 없다'는 can't[cannot]이다.

14   '~할 필요가 없다'는 don't have to를 쓴다.

15   피아노를 칠 수 있으면 Yes, I can.을 쓰고, 피아노를 못 치면 No, I can't.를 쓴다.

Unit 6 전치사

19 시간을 나타내는 전치사   pp. 84~85

개념 빈칸 채우기
1 시간 2 날짜 3 연도 4 at

A 1 at 2 in 3 at 4 in 5 in 6 on 7 on 8 on
9 at 10 at 11 in 12 at

B 1 at 2 on 3 at 4 in 5 in 6 on

C 2 in → at 3 at → on 4 in → at 5 at → on
6 on → in 7 at → in

Build-up Writing   pp. 86~87

A 2 an exam on October 8th
3 the theater on Saturday afternoon
4 an airplane at 3 o'clock
5 running at midnight
6 milk in the morning
7 glasses on her birthday
8 beautiful flowers in spring
9 the beach in summer
10 gifts on Christmas Eve

B 2 in, I leave this city on August 2nd.
3 in, My birthday party is at 5:30.
4 on, You can see stars at night.
5 at, He has a quiz on Monday.
6 in, The movie ends at 8:00.
7 at, I have a date on Friday.
8 at, It snows in January.
9 at, We go camping in summer.
10 on, The library opens in 2025.

20 위치를 나타내는 전치사   pp. 88~89

개념 빈칸 채우기
1 ~ 위에 2 ~ 옆에 3 ~ 뒤에 4 ~ 안에 있다

A 1 behind 2 under 3 between 4 in 5 in front
of 6 on

B 1 under 2 in front of 3 in 4 between 5 next
to 6 on

C 1 in front of 2 next to 3 on 4 in 5 behind
6 between

Build-up Writing   pp. 90~91

A 2 behind 3 in front of 4 between 5 under
6 on 7 in 8 next to

B 2 A cat sleeps on the carpet.
3 Some people are in front of the building.
4 The library is behind the elementary school.
5 My puppy hides under the blanket.
6 The hospital is between the bookstore and the
bank.
7 Jack is in the post office.
8 Two men stand next to the mall.
9 A girl dances on the stage.
10 A Christmas tree is in front of City Hall.

21 방향을 나타내는 전치사   pp. 92~93

개념 빈칸 채우기
1 down 2 along 3 from

A 1 into, out of 2 up, down 3 to, from 4 along,
across

B 1 ② 2 ② 3 ① 4 ① 5 ② 6 ①

C 1 down 2 along 3 from 4 out of 5 into
6 across

Build-up Writing   pp. 94~95

A 2 down the mountain 3 to the office
4 out of the museum 5 along the river
6 up the stairs 7 into the kitchen
8 from their house 9 down the hill
10 across the field

B 2 He can swim across the river.

　3 She dives into the swimming pool.

　4 My mom walks out of the mall.

　5 A truck comes down the hill.

　6 A bug crawls up my leg.

　7 The boys run along the track.

　8 The wind blows from the west.

　9 My sister goes into the bathroom.

　10 A boat comes across the lake.

Review Test
pp. 96~97

1 ②　2 ④　3 ③　4 ②　5 ①　6 ①　7 ④　8 ⑤
9 ②　10 ⑤　11 in　12 on　13 under　14 to, across
15 예시답안 (1) Mina (2) Minsu

1　'~ 아래로'라는 뜻의 전치사는 down이다.

2　'~ 옆에'라는 뜻의 전치사는 next to이다.

3　'~ 밖으로, ~ 밖에서'라는 의미의 전치사는 out of이다.

4　계절이나 월 이름 앞에 쓰는 전치사는 in이다.

5　'밤에'는 at night로 쓴다.

6　계절 앞에는 in이 알맞고, 'A와 B 사이에'는 between A and B이므로 between이 알맞다.

7　'~ 아래에'라는 의미의 전치사는 under이고, '~을 따라서'라는 의미의 전치사는 along이다.

8　그녀의 사무실이 애완동물 가게 뒤에 있으므로 애완동물 가게는 그녀의 사무실 앞에 있는 것이다. 따라서 '~ 앞에'라는 의미의 전치사 in front of가 알맞다.

9　② 요일 앞에는 on을 쓰며, 나머지는 모두 in이 알맞다.

10　⑤ along은 '~을 따라서'라는 의미이고, '~ 위로'는 up이다.

11　탁자는 거실 '안에' 있으므로 in이 알맞다.

12　꽃병은 탁자 '위에' 있으므로 on이 알맞다.

13　새끼 고양이 두 마리는 탁자 '아래에' 있으므로 under가 알맞다.

14　'~을 가로질러'는 across이므로, to(~으로)를 across로 고쳐 써야 한다.

15　(1) 옆에 있는 친구의 이름을 적는다.
　　(2) 앞에 있는 친구의 이름을 적는다.

Unit 7　There is(are) ~

22　There is+단수 명사 / There are+복수 명사　pp. 98~99

개념 빈칸 채우기

1 ~이 있다　2 are　3 is　4 apples　5 is　6 There

Grammar vs. Grammar

1 ×　2 a　3 ×　4 ×　5 an　6 ×　7 ×　8 ×　9 ×

A 1 is　2 are　3 is　4 are　5 is　6 are　7 is

B 2 bees　3 a balloon　4 men　5 money　6 fish

　7 dishes　8 a goose

C 2 are, cats　3 is, owl　4 are, books　5 is, milk

Build-up Writing
pp. 100~101

A 2 There are thousands of fans

　3 There is a beautiful garden

　4 There is some soup

　5 There are many trees

　6 There are ten crayons

　7 There is a full moon

　8 There is some water

　9 There are my socks

　10 There is a fan

B 2 There are two bears behind the horse.

　3 There is some money in the piggy bank.

　4 There is an actress in front of the theater.

　5 There is some bread on the table.

　6 There is a police station next to the school.

　7 There is a gift box under the Christmas tree.

　8 There are two bathrooms in my house.

23　There is(are)의 부정문과 의문문　pp. 102~103

개념 빈칸 채우기

1 없다　2 not　3 there　4 isn't　5 aren't

Grammar vs. Grammar

1 ①　2 ②　3 ①

A 1 isn't 2 isn't 3 aren't 4 isn't 5 aren't
6 aren't 7 aren't 8 isn't

B 1 Is, isn't 2 Are, aren't 3 Is, is 4 Are, are 5 Is, isn't 6 Are, are

C 2 There isn't 3 Is there 4 Are there 5 Is there
6 There aren't

Build-up Writing

A 1 There is not a towel in the bathroom.
2 There are not chickens in the hen house.
3 Is there a toy box in the living room?
4 Are there two forks in the sink?
5 There aren't any airplanes at the airport.
6 There is not any fresh meat in the fridge.
7 Are there many people on the bus?
8 There is not my hamburger on the tray.
9 Is there a hospital in this building?
10 There are not taxis on the streets.

B 2 Is there a lake
3 Are there clean spoons
4 There isn't my pink skirt
5 Are there many ants
6 Is there any water
7 There aren't any comic books
8 Are there two candies
9 There isn't an apple pie

Review Test
pp. 106~107

1 ① 2 ② 3 ④ 4 ② 5 ① 6 ② 7 ②
8 ① 9 (1) is (2) aren't 10 Are, melons 11 ③
12 there aren't 13 is, are 14 There are not many cars on the streets. 15 예시답안 Yes, there is.[No, there isn't.]

1 ① four seasons(사계절)는 복수 명사이므로 are를 써야 한다. ② a spoon(숟가락 하나), ④ an orange(오렌지 하나), ⑤ a bed(침대 하나)는 단수 명사이고, ③ some soda(약간의 소다수)는 셀 수 없는 명사이므로 나머지는 모두 is가 알맞다.

2 ② jam(잼)은 셀 수 없는 명사이므로 are와 함께 쓸 수 없다.

---

3 There isn't 뒤에는 단수 명사와 셀 수 없는 명사만 올 수 있다. ④ some books(몇 권의 책들)는 복수 명사로 There aren't 와 함께 써야 한다.

4 There로 시작하는 문장으로 '~(들)이 있다'라는 뜻의 〈There is(are) ~〉 구문이고, five pandas(다섯 마리의 판다)는 복수 명사이므로 빈칸에는 are가 알맞다.

5 a model(한 명의 모델)은 단수 명사이고, 뒤에 there가 있으므로 빈칸에는 Is가 알맞다.

6 There is ~.의 부정문은 There is not ~.의 형태로 쓰므로 not은 is 뒤에 들어가는 것이 알맞다.

7 '가게들'은 복수 명사인 shops이므로 동사는 are를 쓰고, 의문문이므로 〈Are there + 복수 명사 ~?〉의 형태로 써야 한다.

8 Is there ~?로 물었으므로 Yes, there is.나 No, there isn't.로 답해야 한다.

9 (1) hot coffee(뜨거운 커피)는 셀 수 없는 명사이므로 동사는 is가 알맞다.
(2) three chickens(세 마리의 닭)는 복수 명사이므로 aren't가 알맞다.

10 Yes, there are.로 답했으므로 질문은 〈Are there + 복수 명사 ~?〉의 형태가 되어야 한다.

11 공원에 두 명의 소녀가 있으므로 첫 번째 빈칸은 Yes, there are.가 알맞고, 벤치 아래가 아닌 벤치 위에 고양이가 한 마리 있으므로 두 번째 빈칸은 No, there isn't.가 알맞다.

12 Are there ~?로 물었으므로 No, there aren't.로 답해야 한다.

13 seven dirty plates(일곱 개의 더러운 접시들)는 복수 명사이므로 동사는 is가 아니라 are로 고쳐 써야 한다.

14 〈There are not + 주어 + 장소를 나타내는 말〉 순서로 써야 한다.

15 학교 근처에 빵집이 있으면 Yes, there is.로 쓰고, 그렇지 않으면 No, there isn't.로 쓴다.

정답과 풀이 ● 23

Memo

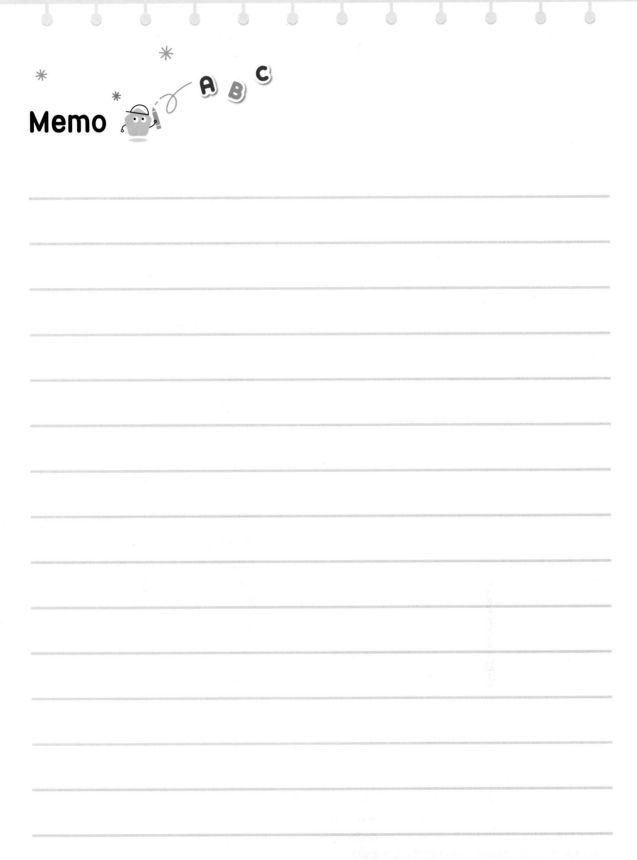

공부로 이끄는 힘

"책상 앞에 있는 모습을 보게 될 거예요!
완자 공부력은 계속 풀고 싶게 만드니깐!"

비상교육이 만든 초등 필수 역량서

- 초등 필수 역량을 바탕으로 구성한 커리큘럼
- 매일 정해진 분량을 풀면서 기르는 **스스로 공부하는 습관**
- '공부력 MONSTER' 앱으로 학생은 복습을, **부모님은 공부 현황을 확인**

예비 초등, 초등 1~6학년 / 쓰기력, 어휘력, 독해력, 계산력, 교과서 문해력, 창의·사고력

I See **Grammar** 보는 문법 개념 & 풍부한 문제 풀이로 이해

대표전화 1544-0554
주소 서울특별시 구로구 디지털로33길 48 대륭포스트타워 7차 20층
협의 없는 무단 복제는 법으로 금지되어 있습니다.

비상 누리집에서 더 많은 정보를 확인해 보세요.
http://book.visang.com/

I See Grammar

Practice Book

| 숙제용 **문제풀이책** |

QR코드
· 개념 정리(PDF)
· 원어민 음원 듣기(MP3)

LEVEL 2

visang

ABOVE IMAGINATION

우리는 남다른 상상과 혁신으로
교육 문화의 새로운 전형을 만들어
모든 이의 행복한 경험과 성장에 기여한다

Contents

Practice Book은 **문법 당 4쪽**씩 구성되어, 개념 복습, 기초 드릴, 심화 쓰기까지 단계별로 복습할 수 있어요.

Grammar Book • Unit 1 ⟵⟶ p. 10을 확인해 보세요.

01 be동사와 일반동사

아래 빈칸을 채우면서 개념을 다시 한번 익혀 보세요.

▶ be동사인 am, are, is는 '(무엇)이다, 어떠(하다), (어디에) 있다'라는 의미이고, 일반동사는 '~하다'라는 의미로, 주어의 ❶ _____ 이나 상태를 나타내요. eat(먹다), walk(걷다), know(알다), like(좋아하다) 등이 일반동사예요.

be동사

I am a student. 나는 학생 ❷ _____ .   He is tall. 그는 키가 크다.

We are in the garden. 우리는 정원에 ❸ _____ .

일반동사

I go to school. 나는 학교에 ❹ _____ .   We know the man. 우리는 그 남자를 안다.

He eats sandwiches. 그는 샌드위치를 ❺ _____ .

Plus +

아닌 것 찾기

A 다음 빈칸에 be동사가 들어갈 수 <u>없는</u> 문장을 찾아 체크(✔)하세요.

1 We _____ a movie. ☐

2 He _____ an honest boy. ☐

3 She _____ apples. ☐

4 The boys _____ soup. ☐

5 Mt. Everest _____ a high mountain. ☐

6 I _____ my teeth every day. ☐

7 Jenny's uncle _____ a dentist. ☐

8 Rick and I _____ pictures. ☐

honest 정직한
soup 수프
Mt. Everest
에베레스트 산
tooth 이빨
(복수형 teeth)
dentist 치과의사

정답 ● p. 11

B 다음 우리말과 같도록 빈칸에 알맞은 동사를 고르세요.

1 (1) My sister and brother _____ many books.   ① are   ② read
나의 언니와 오빠는 많은 책들을 읽는다.

(2) Many books _____ in the library.   ① are   ② read
많은 책들이 도서관에 있다.

2 (1) She _____ many flowers.   ① is   ② grows
그녀는 많은 꽃들을 키운다.

(2) The flower _____ very beautiful.   ① is   ② grows
그 꽃은 매우 예쁘다.

many (수가) 많은
library 도서관
beautiful 아름다운
after dinner
저녁 식사 후에
tired 피곤한

3 (1) Dad and I _____ TV after dinner.   ① are   ② watch
아빠와 나는 저녁 식사 후에 TV를 본다.

(2) We _____ very tired.   ① are   ② watch
우리는 매우 피곤하다.

Level UP!
빈칸 채우기

 C 다음 우리말과 같도록 빈칸에 알맞은 동사를 골라 쓰세요.

is	exercise	help	are

1 We _____ together every day. 우리는 매일 함께 운동한다.

exercise 운동하다
help 돕다
grape 포도
basket 바구니
healthy 건강한
volunteer 자원봉사자
poor 가난한

2 Some grapes _____ in the basket. 포도 몇 송이가 바구니 안에 있다.

3 Mr. Wang _____ very healthy. 왕 씨는 매우 건강하다.

4 Volunteers _____ poor people. 자원봉사자들이 가난한 사람들을 돕는다.

Unit 1 일반동사의 현재시제 ● 3

Build-up Writing

문장
배열하기

A 다음 우리말과 같도록 주어진 말을 바르게 배열하여 문장을 완성하세요.

1 그 멜론은 달다. (the melon, sweet, is)

→ _____ The melon is sweet. _____

2 나의 남동생은 생선을 싫어한다. (hates, my brother, fish)

→ _____

3 그는 유명한 영화 제작자이다. (is, a famous movie director, he)

→ _____

4 많은 사람들이 지하철을 탄다. (the subway, many people, take)

→ _____

5 기린은 긴 목을 가지고 있다. (has, a giraffe, a long neck)

→ _____

6 이 연필은 내 것이다. (mine, this pencil, is)

→ _____

7 나는 새로운 핸드폰이 필요하다. (a new mobile phone, need, I)

→ _____

8 저 소년들은 키가 크다. (tall, are, those boys)

→ _____

9 브래드는 컴퓨터 게임을 한다. (plays, Brad, computer games)

→ _____

10 중국은 거대한 나라이다. (a huge country, China, is)

→ _____

melon 멜론
sweet 달콤한
movie director
영화 제작자
subway 지하철
take 타다
giraffe 기린
neck 목
mobile phone 핸드폰
huge 거대한
country 나라; 시골
China 중국

주어진 말 이용하여 문장 완성하기

B 다음 우리말과 같도록 진한 글씨에 해당하는 동사를 [보기]에서 고른 후, 주어진 말을 이용하여 문장을 완성하세요.

┌ **보기** ┐
　　is　　are　　have　　want　　see　　love

1 이것들은 그녀의 쿠키이다. (**these, her cookies**)

　→ ＿＿＿＿＿＿＿＿These are her cookies.＿＿＿＿＿＿＿＿

2 나는 치즈케이크 한 조각을 가지고 있다. (**I, a piece of cheesecake**)

　→ ＿＿＿＿＿＿＿＿＿＿＿＿＿＿＿＿＿＿＿＿＿＿＿

3 너희들은 반 친구들이다. (**you, classmates**)

　→ ＿＿＿＿＿＿＿＿＿＿＿＿＿＿＿＿＿＿＿＿＿＿＿

4 그들은 그들의 부모님을 사랑한다. (**they, their parents**)

　→ ＿＿＿＿＿＿＿＿＿＿＿＿＿＿＿＿＿＿＿＿＿＿＿

5 비행기 한 대가 하늘에 있다. (**an airplane, in the sky**)

　→ ＿＿＿＿＿＿＿＿＿＿＿＿＿＿＿＿＿＿＿＿＿＿＿

6 그 소년은 배고프다. (**the boy, hungry**)

　→ ＿＿＿＿＿＿＿＿＿＿＿＿＿＿＿＿＿＿＿＿＿＿＿

7 우리는 매일 밤 별을 본다. (**we, stars every night**)

　→ ＿＿＿＿＿＿＿＿＿＿＿＿＿＿＿＿＿＿＿＿＿＿＿

cookie 쿠키
cheesecake 치즈케이크
classmate 반 친구
parent (한 쪽) 부모
hungry 배고픈
star 별
night 밤

8 잭과 그의 여동생은 피자를 원한다. (**Jack and his sister, pizza**)

　→ ＿＿＿＿＿＿＿＿＿＿＿＿＿＿＿＿＿＿＿＿＿＿＿

02

3인칭 단수 주어와 일반동사 (규칙 변화)

Grammar Book • Unit 1 ← p. 12를 확인해 보세요.

아래 빈칸을 채우면서 개념을 다시 한번 익혀 보세요.

▶ 일반동사는 주어가 ❶_____ 인칭 ❷_____ 일 때만 -s가 붙고 그 외에는 동사원형을 써요.

	단수 주어 + 일반동사		복수 주어 + 일반동사	
1인칭	I 나는	eat	we 우리는	eat
2인칭	you 너는	eat	you 너희들은	eat
3인칭	he 그는 she 그녀는 it 그것은	eats	they 그들은 / 그것들은	eat
	Tom 톰은 Jane 제인은 my sister 내 여동생은		Tom and Jane 톰과 제인은 my sisters 내 여동생들은	eat

I ❸_____ an apple. 나는 사과를 먹는다.

He ❹_____ an apple. 그는 사과를 먹는다.

Grammar vs. Grammar

3인칭 단수 주어는 말을 하는 나(I)와 말을 듣는 너(you)를 제외한 한 명[개]의 사람이나 사물을 말하지?

○ 다음 중 3인칭 단수 주어를 찾아 체크(✔)하세요.

1 Tina _____   2 his cats _____   3 our teacher _____

4 Rick and his dad _____   5 They _____   6 that car _____

Plus ➕
고르기

 다음 괄호 안에서 주어에 맞는 동사를 고르세요.

1 Goats (eat / eats) grass.

2 Sam's uncle (play / plays) the violin well.

3 He (meet / meets) his friends in the park.

4 She (walk / walks) along the street.

5 Our grandchildren (visit / visits) us in summer.

goat 염소
grass 풀
walk 걷다
along ~을 따라서
street 길
grandchildren
손주들
visit 방문하다

Plus +

찾은 후
고르기

B 다음 문장에서 동사를 찾아 밑줄 친 후, 괄호 안에서 동사에 맞는 주어를 고르세요.

1 (The child / (The children)) <u>make</u> a snowman.

2 (Koalas / A koala) sleeps in the tree.

3 (My friend / My friends) like comic books.

4 (This bus / These buses) goes to the museum.

snowman 눈사람
koala 코알라
museum 박물관
believe 믿다
surprising 놀라운
airport 공항

5 (She / They) believe the surprising story.

6 (You / He) works at the airport.

Level UP!

빈칸 채우기

C 다음 주어진 동사를 빈칸에 알맞은 형태로 쓰세요.

1 run   Cheetahs ___run___ very fast.

2 practice   Tom _____ taekwondo every day.

cheetah 치타
fast 빨리
practice 연습하다
taekwondo 태권도
knock
노크하다, 두드리다
plate 접시
aunt 이모, 숙모
for ~을 위해
take a nap 낮잠자다
floor (방)바닥

3 knock   The man _____ on the door.

4 need   They _____ ten plates.

5 make   Our aunt _____ delicious food for us.

6 take   The cat _____ a nap on the floor.

Build-up Writing

문장
고쳐 쓰기

A 다음 밑줄 친 부분을 바르게 고쳐 문장을 다시 쓰세요.

1 They <u>gets</u> up early. → _They get up early._

2 The Earth <u>move</u> around the Sun. → _____

3 My first class <u>begin</u> at 9 o'clock. → _____

4 Carol <u>like</u> the boy band. → _____

5 Pandas <u>eats</u> bamboo. → _____

6 She <u>enjoy</u> fishing. → _____

early 일찍
Earth 지구
move around
~의 주위를 돌다
Sun 태양
first 처음의
begin 시작하다
band (음악) 밴드
panda 판다
bamboo 대나무

문장
바꿔 쓰기

B 다음 밑줄 친 동사를 주어진 주어에 맞게 바꿔 문장을 다시 쓰세요.

1 I <u>live</u> in Seoul. 〔She〕 → _She lives in Seoul._

2 Kangaroos <u>jump</u> high. 〔A kangaroo〕 → _____

3 He <u>speaks</u> Chinese. 〔We〕 → _____

4 Two men <u>dance</u> well. 〔The man〕 → _____

5 The puppies <u>follow</u> me. 〔The puppy〕 → _____

6 You <u>wear</u> a hat. 〔He〕 → _____

kangaroo 캥거루
jump 뛰다
speak 말하다
dance 춤추다
puppy 새끼 강아지
follow 따라가다

빈칸 채워
문장
완성하기

C 다음 우리말과 같도록 빈칸에 알맞은 말을 골라 문장을 완성하세요. (필요하면 동사의 형태를 변형하세요.)

• ~~draw a picture~~   • send messages   • walk my dog
• water the plant   • write a diary   • play baseball
• work hard   • hold a bowl   • listen to music

1 토니가 종이 위에 그림을 그린다.

Tony _____draws a picture_____ on the paper.

2 리사가 잭 옆에서 그릇을 들고 있다.

Lisa _____ beside Jack.

3 나의 삼촌은 매일 화분에 물을 준다.

My uncle _____ every day.

4 나는 매일 저녁 나의 개를 산책시킨다.

I _____ every evening.

5 그 소녀는 전화로 메시지를 보낸다.

The girl _____ on the phone.

6 레오나르도는 영어로 일기를 쓴다.

Leonardo _____ in English.

send 보내다
message 메시지
walk the dog
개를 산책시키다
water the plant
화분에 물을 주다
diary 일기
baseball 야구
hard 열심히
bowl 그릇
beside ~ 옆에

7 우리는 주말에 야구를 한다.

We _____ on weekends.

8 나의 아빠는 우리 가족을 위해 열심히 일하신다.

My dad _____ for our family.

9 짐의 누나는 매일 아침 음악을 듣는다.

Jim's sister _____ every morning.

03

3인칭 단수 주어와 일반동사 (불규칙 변화)

Grammar Book • Unit 1 ← p. 14를 확인해 보세요.

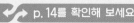

😀 아래 빈칸을 채우면서 개념을 다시 한번 익혀 보세요.

▶ 주어가 3인칭 단수일 때 -s가 아닌 -es를 붙이는 경우도 있어요.

❶ -s, -x, -ch, -sh, -o로 끝나는 동사는 ❶_____ 를 붙여요.

    mixes 섞다　　teaches 가르치다　　brushes 솔질하다　　goes 가다

❷ 〈자음+y〉로 끝나는 동사는 y를 ❷_____ 로 고치고 -es를 붙여요.

    cry → cries 울다　　try → tries 노력하다　　study → ❸_____ 공부하다

    * 〈모음+y〉로 끝나는 동사는 ❹_____ 만 붙여요.: buys, plays, says, prays

▶ 주어가 3인칭 단수일 때 have는 모양이 변한 형태인 ❺_____ 로 써요.

Grammar vs. Grammar

명사에도 -s나 -es가 붙었는데, 이땐 여러 개를 의미했었지?

○ 다음 빈칸에 -s나 -es 중 알맞은 것을 쓰세요.

1 apple_____　　2 book_____　　3 brush_____　　4 toy_____

5 tomato_____　　6 house_____　　7 friend_____　　8 watch_____

Plus +
바꿔 쓰기

 다음 동사를 알맞은 형태로 바꿔 해당하는 곳에 쓰세요.

He	—	stop finish cry carry do miss
		swim catch fry cook dry play

1 -s

    stops

_____

_____

_____

2 -es

_____

_____

_____

3 -ies

_____

_____

_____

stop 정지하다; 그만하다

carry 가지고 다니다; 운반하다

miss 그리워하다

swim 수영하다

catch 잡다

dry 말리다, 건조시키다; 마른

Plus+
고르기

B 다음 괄호 안에서 알맞은 동사의 형태를 고르세요.

1 He (go / gos / goes) to the store on weekends.

2 She (study / studys / studies) with me every afternoon.

3 A mechanic (fix / fixs / fixes) old cars.

4 We (have / haves / has) a piano lesson on Wednesday.

5 He (brush / brushs / brushes) the horses.

6 Jessica (dry / drys / dries) the socks.

store 가게
mechanic 수리공
lesson 수업
Wednesday 수요일
sock 양말 한 쪽

Aha!

fix는 [픽쓰]인데 fixes는 어떻게 읽어?

-s랑 소리가 비슷한 -x로 끝나서 끝에 -es를 붙여 fixes로 만든 건데, 사이에 [이] 소리가 들어가면서 [스]는 [즈]로 바뀌어!

그럼 [픽씨즈]라고 읽으면 되는구나!

Level UP!
빈칸 채우기

C 다음 주어진 동사를 빈칸에 알맞은 형태로 쓰세요.

1 catch   The dragonfly _____ insects.

2 buy   Mr. Lee _____ fresh fish every morning.

3 shine   Stars _____ brightly in the sky.

4 cross   His son _____ the street carefully.

5 carry   A businessman _____ his suitcase.

6 have   Mr. Johnson _____ two brothers.

dragonfly 잠자리
insect 곤충
fresh 신선한
shine 빛나다
brightly 밝게
cross 건너다
carefully 주의 깊게
businessman 사업가
suitcase 여행 가방

Build-up Writing

A 다음 밑줄 친 부분을 바르게 고쳐 문장을 다시 쓰세요.

1 Sally <u>try</u> her best. → _Sally tries her best._

2 Mr. Park <u>teach</u> history. → _____

3 Tom's mom <u>do</u> the laundry. → _____

4 It <u>snow</u> a lot in winter. → _____

5 The washing machine <u>dry</u> clothes. → _____

6 He <u>mixs</u> sugar and flour. → _____

try one's best
~의 최선을 다하다
history 역사
do the laundry
빨래하다
snow 눈이 오다; 눈
a lot 많이
washing machine
세탁기
clothes 옷

B 다음 밑줄 친 동사를 주어진 주어에 맞게 바꿔 문장을 다시 쓰세요.

1 I <u>push</u> the door. 〔He〕 → _He pushes the door._

2 They <u>fly</u> the kites. 〔Tom〕 → _____

3 My parents <u>worry</u> about me. 〔My mom〕 → _____

4 They <u>wash</u> the dishes. 〔Roy〕 → _____

5 We <u>kiss</u> the doll. 〔She〕 → _____

6 I <u>have</u> many friends. 〔Jin〕 → _____

push 밀다
worry 걱정하다
about ~에 대하여
wash 씻다
dish 접시
kiss 입을 맞추다

주어진 말 이용하여 문장 완성하기

C 다음 우리말과 같도록 주어진 말을 이용하여 문장을 완성하세요. (필요하면 동사의 형태를 바꾸세요.)

1 나의 아빠가 저 지붕을 고치신다. (fix, that roof, my dad)
→ _____ My dad fixes that roof. _____

2 키 큰 남자가 이 책상을 운반한다. (this desk, the tall man, carry)
→ _____

3 톰과 나는 우리의 새 차를 세차한다. (Tom and I, wash, our new car)
→ _____

4 그녀는 그녀의 손자를 그리워한다. (her grandson, miss, she)
→ _____

5 켈리가 "조심해!"라고 말한다. (say, Kelly, "Watch out!")
→ _____

6 그 영화는 8시에 끝난다. (finish, at 8, the movie)
→ _____

7 우리는 같은 학교에 다닌다. (to the same school, go, we)
→ _____

8 그 가게에는 많은 야채들이 있다. (many vegetables, have, the store)
→ _____

9 나비 한 마리가 장미꽃 위를 날아다닌다. (over the rose, a butterfly, fly)
→ _____

roof 지붕
grandson 손자
watch out 조심하다
same (똑)같은
vegetable 야채
over ~위로
butterfly 나비

Unit 1

Review Test

1 다음 중 동사의 3인칭 단수형이 바르게 연결되지 <u>않은</u> 것을 고르세요.

① fry – fries   ② write – writes
③ swim – swims ④ miss – misses
⑤ teach – teachs

2~3 다음 빈칸에 알맞지 <u>않은</u> 것을 고르세요.

2

> She _____ in her room.

① read a book   ② studies math
③ eats an apple ④ drinks juice
⑤ takes a nap

3

> _____ have a piano lesson on Tuesday.

① We   ② The girl
③ They   ④ Tony and I
⑤ My classmates

4 다음 빈칸에 be동사가 들어갈 수 <u>없는</u> 것을 고르세요.

① They _____ happy girls.
② These candies _____ sweet.
③ Yumi _____ very thirsty.
④ I _____ many plates.
⑤ Our dog _____ in the doghouse.

5~7 다음 빈칸에 들어갈 말이 바르게 짝지어진 것을 고르세요.

5

> · Daniel _____ in the evening.
> · Horses _____ very fast.

① run – run   ② run – runs
③ runs – run   ④ runs – runs
⑤ runs – running

6

> · My brother and I _____ tired.
> · We _____ our best.

① am – try   ② am – tries
③ are – try   ④ are – trys
⑤ are – tries

7

> · A giraffe _____ a long nose.
> · The students _____ an English test next week.

① have – have   ② have – has
③ has – have   ④ has – has
⑤ haves – have

8 다음 괄호 안에서 알맞은 말을 고르세요.

> Jim and Jack (are / have) at Oscar's home. They (do / does) their homework together.

9~10 다음 밑줄 친 부분이 <u>틀린</u> 것을 고르세요.

9 ① I <u>visit</u> my grandma on Saturdays.
② She <u>needs</u> a new smartphone.
③ The house <u>has</u> many windows.
④ My cousins <u>lives</u> in Jeju-do.
⑤ We <u>watch</u> television after dinner.

10 ① Tim <u>worrys</u> about me.
② They <u>have</u> three children.
③ Peter <u>exercises</u> every day.
④ He <u>knocks</u> on the door.
⑤ The butterfly <u>sits</u> on the flower.

11~12 다음 빈칸에 알맞은 것을 고르세요.

11
> 많은 사람들이 그 가수의 콘서트에 간다.
> → **Many people** _____ **to the singer's concert.**

① are   ② go   ③ gos
④ goes   ⑤ going

12
> 그 야구 선수가 공을 잡는다.
> → **The baseball player** _____ **the ball.**

① is   ② is catch   ③ catch
④ catchs   ⑤ catches

서술형

13 다음 우리말과 같도록 주어진 말을 이용하여 문장을 완성하세요. (필요하면 동사의 형태를 바꾸세요.)

> 그녀는 매일 양치를 한다.

→ _____

(her teeth, brush, every day)

14 다음 우리말과 같도록 주어진 말을 이용하여 빈칸에 알맞은 말을 쓰세요.

> 눈이 많이 온다. 토니는 공원에서 눈사람을 만든다.

→ It _____ a lot. Tony _____ a snowman in the park. (snow, make)

Write about you!

15 자신이 방과 후에 하는 일을 빈칸에 넣어 문장을 완성하세요.

> I _____
> after school.

일반동사의
부정문

Grammar Book • Unit 2 ➜ p. 20을 확인해 보세요.

아래 빈칸을 채우면서 개념을 다시 한번 익혀 보세요.

▶ 문장의 동사가 일반동사일 경우 주어에 따라 do not이나 ❶ _____ not을 동사 앞에 넣어 부정문을 만들며, 동사는 ❷ _____ 이 되어요.

I eat tomatoes. 나는 토마토를 먹는다.

→ I ❸ _____ _____ _____ tomatoes. 나는 토마토를 먹지 않는다.

He eats onions. 그는 양파를 먹는다.

→ He ❹ _____ _____ _____ onions. 그는 양파를 먹지 않는다.

▶ do not은 don't 로, does not은 ❺ _____ 로 줄여서 쓸 수 있어요.

＊be동사의 부정문: He is not a cook. 그는 요리사가 아니다.

Grammar vs. Grammar

be동사의 부정문은 be동사 뒤에 not을 붙이고, 일반동사의 부정문은 동사 앞에 do[does] not을 붙이지?

❍ 부정문으로 만들 때 not이나 do not이 들어갈 곳에 체크하고 쓰세요.

　　do not
1 They ⌄read many books.　　2 We are on the playground.　　3 He is angry.

4 You have two cousins.　　5 It is a small bird.　　6 I like blue.

고르기　　Ⓐ 다음 괄호 안에서 알맞은 말을 고르세요.

1 She (do not / does not) watch scary movies.

2 We (do not / does not) clean the streets.

3 Snakes (do not / does not) have ears.

4 People (do not / does not) speak English in the country.

5 He (do not / does not) miss his hometown.

6 These birds (do not / does not) eat small insects.

scary 무서운
clean 청소하다
snake 뱀
people 사람들
country 나라
miss 그리워하다
hometown 고향

2개 고르기

B 다음 괄호 안에서 알맞은 동사의 형태를 고르세요.

1 He (mix / mixes) with his neighbors, but I don't (mix / mixes) with them.

2 She (need / needs) a red pen, but I don't (need / needs) a red pen.

3 This machine doesn't (work / works), but that machine (work / works) well.

mix with
~와 사귀다, 어울리다
neighbor 이웃 사람
machine 기계
work 작동하다; 일하다

4 Ann doesn't (meet / meets) him, but Jane (meet / meets) him.

5 I (drink / drinks) milk, but Jack doesn't (drink / drinks) milk.

Level UP!
**빈칸 채워
부정문
완성하기**

C 다음 주어진 동사를 부정형으로 바꿔 빈칸을 채우세요.

1 She _____doesn't ride_____ a bike. (ride)
그녀는 자전거를 타지 않는다.

2 My mom _____ meat. (like)
나의 엄마는 고기를 좋아하지 않는다.

3 They _____ honey. (eat)
그들은 꿀을 먹지 않는다.

4 This ant _____ eggs. (lay)
이 개미는 알을 낳지 않는다.

ride 타다
meat 고기
honey 꿀
ant 개미
egg 알
lay (알을) 낳다
outside
밖에서, 밖으로

5 He _____ a big bag. (carry)
그는 큰 가방을 들고 다니지 않는다.

6 Those cats _____ outside. (sleep)
저 고양이들은 밖에서 자지 않는다.

Build-up Writing

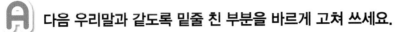

고쳐 쓰기 Ⓐ 다음 우리말과 같도록 밑줄 친 부분을 바르게 고쳐 쓰세요.

1 She **doesn't takes** a nap.   →   <u>doesn't take</u>
그녀는 낮잠을 자지 않는다.

2 The train **don't stops** at this station.   →   _____
그 기차는 이 역에 정차하지 않는다.

3 He **doesn't wears** a necktie.   →   _____
그는 넥타이를 매지 않는다.

4 The babies **don't cries** at night.   →   _____
그 아기들은 밤에 울지 않는다.

5 That building **doesn't has** a pet store.   →   _____
저 건물에는 애완동물 가게가 없다.

6 We **don't brushes** our teeth every day.   →   _____
우리는 매일 양치를 하지 않는다.

7 The painter **don't mixes** colors.   →   _____
그 화가는 색을 섞지 않는다.

8 They **don't fries** onions.   →   _____
그들은 양파를 튀기지 않는다.

station 역
necktie 넥타이
pet store
애완동물 가게
brush one's teeth
양치하다

9 Our vacation **doesn't starts** in August.   →   _____
우리의 방학은 8월에 시작하지 않는다.

painter 화가
vacation 방학
start 시작하다
August 8월
chicken 닭

10 I **don't likes** fried chicken.   →   _____
나는 후라이드 치킨을 좋아하지 않는다.

문장
바꿔 쓰기

B 다음 문장을 부정문으로 바꿔 쓰세요.

1 Cats eat mice. → <u>Cats don't eat mice.</u>

2 This animal has wings. → _____

3 The man smiles at her. → _____

4 This computer works well. → _____

5 I have many books. → _____

6 He changes his clothes. → _____

7 The show finishes at 10. → _____

8 We grow corn. → _____

9 My sisters go to the gym. → _____

10 The turtle moves quickly. → _____

11 They sell cookies. → _____

12 Carl washes his hands. → _____

mouse 쥐
(복수형 mice)
wing 날개
smile at
~에게 미소짓다
computer 컴퓨터
change clothes
옷을 갈아입다
show 쇼
corn 옥수수
quickly 빨리

05

일반동사의 의문문

아래 빈칸을 채우면서 개념을 다시 한번 익혀 보세요.

▶ 문장의 동사가 일반동사일 경우 주어에 따라 ❶ _____ 나 ❷ _____ 를 문장 맨 앞에 넣어 의문문을 만들며, 동사는 ❸ _____ 이 되어요.

They know Jane. → ❹ _____ _____ know Jane?
그들은 제인을 알고 있다.　그들은 제인을 알고 있니?

He knows me. → ❺ _____ _____ know me?
그는 나를 알고 있다.　그는 나를 알고 있니?

＊be동사의 의문문: He is fast. → Is he fast? 그는 빠르니?

Grammar vs. Grammar

be동사의 의문문은 주어 뒤에 동사가 없지만, 일반동사의 의문문은 주어 뒤에 동사원형이 온다는 거 잊지 마!

○ 다음 빈칸에 알맞은 것을 고르세요.

1 _____ they tall?　　　　① Are　② Do
2 _____ she like roses?　　① Is　② Does
3 _____ you enjoy summer?　① Are　② Do
4 _____ they live in a tree?　① Are　② Do
5 _____ Jane a teacher?　　① Is　② Does

Plus+ 고르기

A 다음 문장의 빈칸에 알맞은 말을 고르세요.

1 _____ he spend much money?　① Do　② Does

2 _____ they speak French?　① Do　② Does

3 _____ your father enjoy soccer?　① Do　② Does

4 _____ they practice it every day?　① Do　② Does

5 _____ you and Sally collect stamps?　① Do　② Does

6 _____ the bird have big feathers?　① Do　② Does

spend
(돈을) 쓰다
French
프랑스어; 프랑스의
collect 모으다
stamp 우표
feather 깃털

Plus +

2개 고르기

B 다음 괄호 안에서 알맞은 말을 고르세요.

1 (Do / Does) you (study / studies) Spanish?

2 (Do / Does) the Sun (rise / rises) in the east?

3 (Do / Does) people (live / lives) at the South Pole?

4 (Do / Does) this tree (have / has) big leaves?

5 (Do / Does) a beetle (catch / catches) butterflies?

6 (Do / Does) the men (wear / wears) skirts in Scotland?

Spanish
스페인어; 스페인의
rise (해 등이) 뜨다
the South Pole
남극
leaf 잎(복수형 leaves)
beetle 딱정벌레
skirt 치마
Scotland 스코틀랜드

Level UP!

**빈칸 채워
의문문
완성하기**

C 다음 빈칸에 알맞은 말을 넣어 의문문을 완성하세요.

1 Insects have six legs.
→ _____Do_____ insects _____have_____ six legs?

2 Elly rides a bike to school.
→ _____ Elly _____ a bike to school?

3 Firefighters save many people.
→ _____ firefighters _____ many people?

4 The little boy asks a question.
→ _____ the little boy _____ a question?

firefighter 소방관
save
(목숨 등을) 구하다
ask 묻다
question 질문
build 짓다, 건설하다

5 They build their houses on the water.
→ _____ they _____ their houses on the water?

Build-up Writing

빈칸 채워
대화
완성하기

A 다음 대답을 읽고, 빈칸에 알맞은 말을 넣어 대화를 완성하세요.

1 A _____Does he have_____ a violin lesson?

    B No, he doesn't. He has a piano lesson.

2 A _____ water in the morning?

    B No, she doesn't. She drinks orange juice.

3 A _____ French?

    B No, I don't. I speak English.

4 A _____ old cars?

    B No, he doesn't. He fixes old bikes.

5 A _____ newspapers?

    B No, she doesn't. She reads magazines.

6 A _____ around the Earth?

    B No, they don't. They move around the Sun.

7 A _____ high in the sky?

    B No, it doesn't. It flies low.

8 A _____ medicine at a university?

    B No, he doesn't. He studies art.

newspaper 신문
magazine 잡지
low 낮게; 낮은
medicine 의학; 약
art 예술
coin 동전
sticker 스티커
skateboarding
스케이트보드 타기

9 A _____ coins?

    B No, I don't. I collect animal stickers.

10 A _____ skiing in winter?

    B No, she doesn't. She goes skateboarding.

문장 배열하기

B 다음 우리말과 같도록 주어진 말을 바르게 배열하여 문장을 완성하세요.

1 벤은 스페인어를 공부하니? (Spanish, study, Ben, does)

→ _____ Does Ben study Spanish? _____

2 그들은 닭을 기르니? (grow, they, do, chickens)

→ _____

3 그 기계가 음식물을 건조시키니? (the machine, food, does, dry)

→ _____

4 세라는 공포 영화를 좋아하니? (does, horror movies, Sarah, like)

→ _____

5 아시아 사람들은 쌀을 먹니? (eat, do, Asian people, rice)

→ _____

6 그 빵집은 케이크를 파니? (the bakery, cakes, sell, does)

→ _____

7 저 학생들은 유튜브를 사용하니? (YouTube, those students, use, do)

→ _____

8 그 학교는 온라인 수업이 있니? (does, online classes, the school, have)

→ _____

9 너와 너의 여동생은 집에 걸어서 가니? (home, do, walk, you and your sister)

→ _____

10 그녀는 화분에 물을 주니? (the plant, she, water, does)

→ _____

horror movie
공포 영화

Asian
아시아의; 아시아인

rice 밥, 쌀

bakery 빵집

use 사용하다

online 온라인의

06

일반동사의 의문문에 대한 대답

Grammar Book • Unit 2 ⟶ p. 24를 확인해 보세요.

😊 아래 빈칸을 채우면서 개념을 다시 한번 익혀 보세요.

▶ 일반동사 의문문에 대답할 때는 주어에 따라 do(does), don't(doesn't)를 이용해서 답해요.

Do you like math?

→ Yes, I ❶_____ . / No, I ❷_____ .

Does he run fast?

→ Yes, ❸_____ _____ . / No, ❹_____ _____ .

▶ 일반동사 의문문의 주어가 명사일 경우 명사를 주격대명사로 바꿔서 답해요.

Do your dogs bark? 너의 개들은 짖니?

→ ❺_____ , _____ _____ . 응, 그래.

❻_____ , _____ _____ . 아니. 그렇지 않아.

▶ 일반동사 의문문에 대한 부정의 대답은 반드시 줄임말로 해요.

Do you have a sister? → No, I ❼_____ . (O) / No, I do not. (×)

Plus➕

빈칸 채워 대화 완성하기

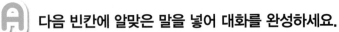 다음 빈칸에 알맞은 말을 넣어 대화를 완성하세요.

1 A Do I look pretty?　　　　　B Yes, __you__ __do__ .

2 A Does Tina cook well?　　　B No, _____ _____ .

3 A Does your brother work?　　B Yes, _____ _____ .

4 A Do fish sleep?　　　　　　B No, _____ _____ .

5 A Does a rabbit have a tail?　　B Yes, _____ _____ .

6 A Does she get pocket money?　B Yes, _____ _____ .

look 보이다; 보다
pretty 예쁜
cook 요리하다
tail 꼬리
get 얻다. 받다
pocket money 용돈

Plus +

표 보고
빈칸 채우기

B 다음 Sam(샘)의 월요일 일정표를 보고, 질문에 알맞은 대답을 쓰세요.

Monday Schedule

7:30 a.m.	wake up
8:30 a.m.	have breakfast
9:00 a.m.	go to school
4:30 p.m.	have a swimming class
7:00 p.m.	feed my dog
8:30 p.m.	do the dishes
9:00 p.m.	read books with Kelly

1 A Does Sam wake up at seven thirty?

B ___Yes___ , ___he___ ___does___ .

2 A Does Sam have breakfast at eight?

B _____ , _____ _____ .

3 A Does Sam go to school at nine?

B _____ , _____ _____ .

4 A Does Sam have a swimming class after school?

B _____ , _____ _____ .

5 A Does Sam walk his dog at seven?

B _____ , _____ _____ .

6 A Does Sam do the dishes with Kelly?

B _____ , _____ _____ .

swimming 수영
class 수업
feed 먹이를 주다
do the dishes
설거지를 하다

7 A Do Sam and Kelly read books together at night?

B _____ , _____ _____ .

Build-up Writing

고쳐 쓰기 (A) 다음 밑줄 친 부분을 바르게 고쳐 대답을 다시 쓰세요.

1 A Do you have sisters?
    B Yes, <u>you do.</u>   → _____Yes, I do._____

2 A Does Jeff have a big nose?
    B No, <u>he isn't.</u>   → _____

3 A Does the girl run fast?
    B Yes, <u>he does.</u>   → _____

4 A Do you and Jane eat vegetables?
    B Yes, <u>they do.</u>   → _____

5 A Does his dog bark loudly?
    B No, <u>he doesn't.</u>   → _____

6 A Do scientists do a lot of experiments?
    B Yes, <u>they don't.</u>   → _____

7 A Does this blanket feel warm?
    B Yes, <u>it is.</u>   → _____

nose 코
vegetable 야채
bark (개 등이) 짖다
loudly 시끄럽게, 크게
scientist 과학자
a lot of 많은
experiment 실험
blanket 담요
feel 느끼다
warm 따뜻한
umbrella 우산

8 A Does Andy have an umbrella?
    B Yes, <u>he do.</u>   → _____

9 A Do polar bears live at the South Pole?
    B No, <u>it don't.</u>   → _____

주어진 말 이용하여 대화 완성하기

B 다음 주어진 말을 이용하여 질문에 알맞은 대답을 쓰세요.

1 A Does your uncle teach music?
　 B No, ___he___ ___doesn't___ . He ___teaches history___ . (history)

2 A Does your sister wash her sneakers?
　 B No, _____ _____ . She _____ . (her socks)

3 A Does the train stop for three minutes?
　 B No, _____ _____ . It _____ . (for one minute)

4 A Does his brother like comic books?
　 B No, _____ _____ . He _____ . (science books)

5 A Does the contest finish at two?
　 B No, _____ _____ . It _____ . (at seven)

6 A Does Mike play baseball?
　 B No, _____ _____ . He _____ . (basketball)

7 A Do dolphins have legs?
　 B No, _____ _____ . They _____ . (fins)

8 A Do you take taxis?
　 B No, _____ _____ . I _____ . (the subway)

9 A Do you work at the hospital?
　 B No, _____ _____ . We _____ . (at the library)

for ~동안
minute 분
contest 대회
basketball 농구
dolphin 돌고래
fin 지느러미
taxi 택시
subway 지하철
hospital 병원
library 도서관

1~2 다음 빈칸에 알맞은 것을 고르세요.

1

He _____ cross the street carefully.

① am not   ② isn't   ③ aren't
④ don't   ⑤ doesn't

2

_____ medicine at a university?

① Is she studies   ② Do she study
③ Do she studies   ④ Does she study
⑤ Does she studies

3 다음 빈칸에 알맞지 <u>않은</u> 것을 고르세요.

Does _____ take the subway?

① Tom and Paul   ② he
③ that doctor   ④ the man
⑤ Mr. Smith

4 다음 밑줄 친 부분이 틀린 것을 고르세요.

① Mr. Baker <u>has</u> an umbrella.
② We <u>don't</u> enjoy skateboarding.
③ She <u>doesn't</u> brush her teeth.
④ <u>Does</u> your son like animals?
⑤ Does the tree <u>has</u> big leaves?

5~6 다음 빈칸에 들어갈 말이 바르게 짝지어진 것을 고르세요.

5

• Tom _____ work at the hospital.
• Does this store _____ vegetables?

① don't – sell   ② don't – sells
③ doesn't – sell   ④ doesn't – sells
⑤ not – sell

6

• He doesn't _____ orange juice.
• _____ your grandparents live in Seoul?

① drink – Do   ② drink – Does
③ drinks – Do   ④ drinks – Does
⑤ drink – Are

7 다음 중 바르게 쓰인 문장을 고르세요.

① I feed not our dogs.
② I don't need a new computer.
③ My mom cook for us.
④ Does the game begins at nine?
⑤ Do the painter use two colors?

8 다음 괄호 안에서 알맞은 말을 고르세요.

(1) (The man / The men) don't wear neckties.
(2) Do (ladybugs / a ladybug) lay eggs?

9~10 다음 대화의 빈칸에 알맞은 것을 고르세요.

9

> A Does a giraffe have a long neck?
> B _____

① Yes, it is. ② Yes, it does.

③ No, it isn't. ④ No, it hasn't.

⑤ Yes, it has.

10

> A Do those people clean the streets?
> B _____

① Yes, they are. ② No, they aren't.

③ Yes, he does. ④ No, they don't.

⑤ No, he doesn't.

11 다음 중 짝지어진 대화가 자연스럽지 <u>않은</u> 것을 고르세요.

① A Do you like tomatoes?
  B Yes, I do.

② A Does your sister come early?
  B No, she doesn't.

③ A Do they play soccer after school?
  B Yes, they do.

④ A Does this machine work well?
  B Yes, it does.

⑤ A Do Sam and Michael walk home together?
  B No, he doesn't.

 서술형

12 다음 우리말과 같도록 주어진 말을 이용하여 문장을 완성하세요.

> 앨리는 목요일에 설거지를 하지 않는다. 그녀는 목요일에 빨래를 한다.

➜ Ally _____ _____ the dishes on Thursday. She _____ the laundry on Thursday. (do)

13 다음 우리말과 같도록 주어진 말을 바르게 배열하여 문장을 완성하세요.

그들은 언덕 위에 집을 짓니?

(they, do, a house, build)

➜ _____ on a hill?

14 다음 대화의 빈칸에 알맞은 말을 쓰세요.

> A _____ he speak Japanese?
> B No, _____ _____ . He _____ Chinese.

Write about you!

15 다음 질문을 읽고, 자신에 맞게 답해 보세요.

> Q Do you enjoy your English class?
> A _____

07

형용사의 역할 (한정적 용법)

Grammar Book • Unit 3 ← p. 34를 확인해 보세요.

아래 빈칸을 채우면서 개념을 다시 한번 익혀 보세요.

▶ 형용사는 ❶_____ 의 성질이나 상태를 설명하는 말로, 명사 ❷_____ 에서 명사를 꾸며줘요.

a bag 가방 → a small bag 작은 가방

▶ 명사에 따라 그 성질을 나타내는 다양한 형용사가 쓰일 수 있어요.

맛	hot 매운 bitter 쓴 sweet 단 salty ❸_____ sour 신
외모	tall 키 큰 short 짧은 fat 뚱뚱한 thin 마른 young 젊은
모양	big 큰 small 작은 round 둥근 thick 두꺼운 long 긴 square ❹_____ sharp 날카로운
감정	sad 슬픈 tired 지친 angry 화난 happy 행복한
날씨	hot 더운 sunny 맑은 cold 추운 cloudy 흐린 windy ❺_____ rainy 비는

Plus +

고르기

A 다음 괄호 안에서 명사와 어울리는 형용사를 고르세요.

1 (hot / big) weather

2 (delicious / tall) girls

3 (tired / sweet) candies

4 (dark / fat) rooms

5 (deep / easy) rivers

6 (sunny / round) days

7 (comfortable / rainy) sofa

8 (rich / long) fingers

9 (high / exciting) movie

10 (cold / busy) juice

11 (loud / difficult) music

12 (red / sad) dresses

weather 날씨
dark 어두운
deep 깊은
river 강
comfortable 편안한
rich 부유한
finger 손가락
exciting 흥미로운
busy 바쁜
loud 시끄러운
difficult 어려운

B 다음 문장에서 형용사를 찾아 동그라미 하세요.

1 Peter and Justin wear black shirts.

2 Sick children are in the hospital.

3 They sell delicious sandwiches.

4 James is holding a heavy bag. Tip!

5 The actress receives expensive presents.

6 The smart girl is my daughter.

shirt 셔츠
sandwich 샌드위치
actress 여배우
receive 받다
present 선물
smart 똑똑한
daughter 딸

Plus Tip
'~하고 있는 중이다'는 <be동사 + 동사의 -ing> 형태로 나타낸다. '잡다, 들다'라는 뜻의 hold를 is holding으로 쓰면 '잡고 있다, 들고 있다' 라는 뜻이 된다.

Level UP!
빈칸 채우기 다음 우리말과 같도록 빈칸에 알맞은 형용사와 명사를 찾아 쓰세요.

형용사

~~long~~ thick old sharp
yellow strong

명사

~~hair~~ tractor fur
men hat knife

1 Ally has ____long____ ____hair____ . 앨리는 머리가 길다.

2 Do you want a _____ _____ ? 너는 노란색 모자를 원하니?

3 The _____ _____ is his. 그 오래된 경운기는 그의 것이다.

4 Polar bears have _____ _____ . 북극곰은 두꺼운 털을 가지고 있다.

5 Are those _____ _____ players? 저 힘센 남자들은 선수들인가요?

6 She doesn't use a _____ _____ . 그녀는 날카로운 칼을 쓰지 않는다.

old 오래된
tractor 경운기
fur (동물의) 털
polar bear 북극곰
player 선수

Build-up Writing

문장
다시 쓰기

Ⓐ 다음 문장에서 명사를 찾아 동그라미 한 후, 주어진 형용사를 넣어 문장을 다시 쓰세요.

1 We see (elephants). (large) → _____We see large elephants._____

2 This drink is sweet. (cold) → _____

3 Does she like snacks? (salty) → _____

4 He wears a jacket. (gray) → _____

5 You read books. (boring) → _____

6 They walk in the park. (big) → _____

7 The lizard is green. (small) → _____

8 Do you watch movies? (scary) → _____

9 They sell ice cream. (soft) → _____

10 He buys bread. (fresh) → _____

11 I want a computer. (new) → _____

12 Are these socks yours? (white) → _____

drink 음료(수); 마시다
snack 간식
gray 회색의
boring
지루한, 재미없는
lizard 도마뱀
scary 무서운
soft 부드러운

**문장
배열하기**

B 다음 우리말과 같도록 주어진 말을 배열하여 문장을 완성하세요.

1 한 친절한 남자가 우리를 돕는다. (us, helps, kind, man)

→ A _____ kind man helps us _____ .

2 그녀는 편안한 침대를 산다. (bed, she, comfortable, buys)

→ _____ a _____ .

3 이 파란색 선글라스는 그녀의 것이다. (hers, are, sunglasses, blue)

→ These _____ .

4 저 유명한 남자는 배우이다. (an actor, is, man, famous)

→ That _____ .

5 알렉스는 약한 심장을 가졌다. (has, Alex, weak, heart)

→ _____ a _____ .

6 제이슨은 갈색 눈을 가지고 있다. (eyes, brown, Jason, has)

→ _____ .

7 상어는 작은 고기를 먹는다. (sharks, tiny, eat, fish)

→ _____ .

8 그 마른 의사가 나의 이모이다. (doctor, is, my aunt, thin)

→ The _____ .

9 그 젊은 숙녀들은 과학자들이다. (scientists, ladies, are, young)

→ The _____ .

10 그는 따뜻한 날씨를 좋아한다. (likes, weather, warm, he)

→ _____ .

sunglasses
선글라스

actor 배우

famous 유명한

weak 약한

heart 심장; 마음

shark 상어

tiny 아주 작은

thin (몸이) 마른;
(두께가) 얇은

08

다양한 형용사

Grammar Book • Unit 3 ➜ p. 36을 확인해 보세요.

아래 빈칸을 채우면서 개념을 다시 한번 익혀 보세요.

▶ 의미가 반대인 형용사

 full ↔ empty

  ❶ _____ ↔ weak

dry ↔ ❷ _____

open ↔ ❸ _____

  clean ↔ dirty

  busy ↔ free

  heavy ↔ light

 boring ↔ ❹ _____

▶ 의미가 비슷한 형용사

clever, smart 영리한	fast, quick 빠른	difficult, hard 어려운
delicious, yummy 맛있는	glad < happy 기쁜　행복한	big, large < huge 큰　　거대한

▶ 의미가 두 개인 형용사

old 오래된 ↔ ❺ _____ 새로운　　full 가득 찬 ↔ empty 텅 빈

old 늙은, 나이든 ↔ young 젊은, 어린　　full 배부른 ↔ ❻ _____ 배고픈

반대말 쓰기 🄰 다음 빈칸에 알맞은 형용사를 쓰세요.

1 easy ↔ difficult
쉬운　　어려운

2 long ↔ _____
(길이가) 긴　　짧은

3 bright ↔ _____
밝은　　어두운

4 full ↔ _____
가득 찬　　텅 빈

5 smart ↔ _____
영리한　　어리석은

6 fast ↔ _____
빠른　　느린

7 high ↔ _____
높은　　낮은

8 clean ↔ _____
깨끗한　　더러운

9 strong ↔ _____
강한　　약한

10 heavy ↔ _____
무거운　　가벼운

11 diligent ↔ _____
근면한　　게으른

12 noisy ↔ _____
시끄러운　　조용한

문제 듣기

Plus ➕
그림 보고 고르기

B 다음 그림을 보고, 괄호 안에서 알맞은 말을 고르세요.

1

Mary chooses (cheap / expensive) gloves.

Tom chooses (cheap / expensive) gloves.

2

A knife is on the (round / square) table.

A calendar is on the (round / square) table.

3

Amy sleeps in the (bright / dark) room.

Jack sleeps in the (bright / dark) room.

choose 선택하다
gloves 장갑
calendar 달력

Level UP!
빈칸 채우기

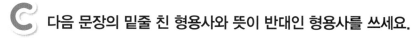

C 다음 문장의 밑줄 친 형용사와 뜻이 반대인 형용사를 쓰세요.

1 Those are beautiful flowers. → These are ___ugly___ flowers.

2 The young lady is my mother. → The _____ lady is my grandma.

3 Mary is a poor princess. → Lucy is a _____ princess.

4 My family has a large house. → His family has a _____ house.

5 He doesn't like a hard bed. → She doesn't like a _____ bed.

princess 공주
dish 접시
on ～ 위에

6 Clean dishes are on the table. → _____ dishes are on the table.

Build-up Writing

A 다음 형용사와 명사가 어울리도록 한 번씩 사용하여 문장을 완성하세요.

형용사
~~closed~~ long exciting
sweet warm scary

명사
~~door~~ movie tiger
milk cookies boots

1 He stands behind the __closed__ __door__ .

2 I eat _____ _____ at the bakery.

3 We drink _____ _____ and go to bed every night.

4 She wears _____ _____ on a rainy day.

5 They look at the _____ _____ in the zoo.

6 She sees an _____ _____ at the theater.

tiger 호랑이
boots 부츠
stand 서 있다
behind ~ 뒤에
look at ~을 보다
zoo 동물원
theater 극장

B 다음 문장의 형용사에 밑줄 친 후, 뜻이 반대인 형용사로 문장을 바꿔 쓰세요.

1 This story has a <u>happy</u> ending. → That story has a __sad ending__ .

2 My uncle is a lazy man. → Tom's uncle is a _____ .

3 James solves a difficult quiz. → Noah solves an _____ .

4 We want cheap rooms. → They want _____ .

5 This is an interesting movie. → That is a _____ .

ending
결말, 이야기의 끝
solve (문제 등을) 풀다
quiz 퀴즈

주어진 말
이용하여
문장
완성하기

C 다음 우리말과 같도록 주어진 말을 이용하여 문장을 완성하세요.

1 우리는 신 레몬을 먹는다. (lemons, sour, eat)

→ _____ We eat sour lemons. _____

2 그들은 새로운 학생들이다. (new, students, are)

→ _____

3 너는 바람 부는 날을 좋아한다. (days, windy, like)

→ _____

4 나는 짧은 바지를 원한다. (want, pants, short)

→ _____

5 당신들은 훌륭한 피아니스트들이다. (great, are, pianists)

→ _____

6 그들은 밝은 커튼을 산다. (bright, curtains, buy)

→ _____

7 나는 큰 모형 비행기들을 만든다. (make, big, model airplanes)

→ _____

8 그들은 좋은 이웃이다. (good, neighbors, are)

→ _____

lemon 레몬
sour 신
pianist 피아니스트
curtain 커튼
model 모형의
neighbor 이웃
towel 수건

9 그는 젖은 수건을 사용하지 않는다. (towels, use, wet, doesn't)

→ _____

10 이것들은 텅 빈 상자들이다. (boxes, are, empty)

→ _____

09

형용사의 위치

Grammar Book • Unit 3 ➤ p. 38을 확인해 보세요.

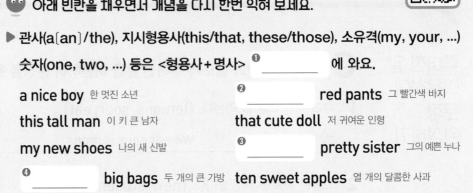

😊 아래 빈칸을 채우면서 개념을 다시 한번 익혀 보세요.

▶ 관사(a[an]/the), 지시형용사(this/that, these/those), 소유격(my, your, ...)
숫자(one, two, ...) 등은 <형용사+명사> ❶_____ 에 와요.

a nice boy 한 멋진 소년   ❷_____ red pants 그 빨간색 바지
this tall man 이 키 큰 남자   that cute doll 저 귀여운 인형
my new shoes 나의 새 신발   ❸_____ pretty sister 그의 예쁜 누나
❹_____ big bags 두 개의 큰 가방   ten sweet apples 열 개의 달콤한 사과

Plus Tip 단수 명사 앞에 형용사가 올 때 형용사의 첫 소리가 모음이면 an, 자음이면 a를 써요.

ex. a lady → ❺_____ old lady

an orange → ❻_____ sweet orange

Grammar vs. Grammar

a[an]과 명사 사이에 형용사가 끼어들면 형용사의 첫 소리에 조심해야겠어! a, e, i, o, u의 모음으로 시작하는 명사라고 무조건 an을 쓰지는 않는구나!

○ 다음 빈칸에 a, an 중 알맞은 말을 쓰세요.

1 _____ orange / _____ big orange   2 _____ book / _____ exciting book

3 _____ man / _____ honest man   4 _____ animal / _____ slow animal

Plus +
고르기 1

Ⓐ 다음 우리말을 영어로 바르게 쓴 것을 고르세요.

1 그의 검정색 셔츠   ① his black shirt   ② black his shirt

2 저 바쁜 간호사들   ① busy nurses those   ② those busy nurses

3 작은 쥐 세 마리   ① small three mice   ② three small mice

4 한 조용한 여자   ① woman a quiet   ② a quiet woman

5 너의 반짝거리는 구두   ① your shiny shoes   ② shiny your shoes

shiny
반짝거리는, 빛나는

6 뚱뚱한 돼지 네 마리   ① fat pigs four   ② four fat pigs

Plus+
고르기 2

B 다음 괄호 안에서 알맞은 말을 고르세요.

1 March is (favorite my month / my favorite month).

2 My cousin is (lucky a girl / a lucky girl).

3 There are (long three bridges / three long bridges) in our city.

4 We have (two hard questions / hard two questions).

5 They are playing soccer on (wet the ground / the wet ground).

6 It is not (a idea foolish / a foolish idea).

March 3월
favorite 가장 좋아하는
month 달, 월
lucky 운 좋은, 행운의
there are ~이 있다
bridge 다리
question 질문
ground 땅
idea 생각

Level UP!
문장
다시 쓰기

C 다음 우리말과 같도록 주어진 단어가 들어갈 위치를 찾아 문장을 다시 쓰세요.

1 I don't want a drink. (cold) → <u>I don't want a cold drink.</u>
나는 차가운 음료를 원하지 않는다.

2 This cap is mine. (white) → _____
이 하얀색 모자는 내 것이다.

3 She reads a book. (exciting) → _____
그녀는 흥미로운 책을 읽는다.

4 My dad is a pilot. (good) → _____
나의 아빠는 훌륭한 조종사이다.

5 We see four bears. (brown) → _____
우리는 네 마리의 불곰을 본다.

exciting 흥미로운
pilot 조종사, 비행사
singer 가수
dentist 치과의사

6 The singer is a dentist. (famous) → _____
그 유명한 가수는 치과의사이다.

Build-up Writing

A 다음 괄호 안에 주어진 말을 바르게 배열하여 문장을 완성하세요.

1 I want _____that pretty doll_____ . (doll, that, pretty)

2 There are _____ on the dish. (big, oranges, three)

3 He likes _____ . (watermelon, a, sweet)

4 _____ is my nephew. (smart, this, boy)

5 Do you know _____ ? (handsome, the, man)

6 Today is _____ . (day, unlucky, an)

7 Is Sam _____ ? (brave, policeman, a)

8 _____ is in the garden. (cute, pet, my)

9 This is _____ for her. (size, the, right)

10 Amy likes _____ . (her, dress, purple)

watermelon 수박
nephew 남자 조카
unlucky 운이 없는
brave 용감한
policeman 경찰
size 치수, 크기
right 딱 맞는, 적당한
suitcase 여행 가방

11 _____ looks at me. (man, angry, an)

12 I carry _____ . (heavy, these, suitcases)

문장 배열하기

B 다음 우리말과 같도록 주어진 말을 바르게 배열하여 문장을 완성하세요.

1 그는 빠른 달리기 선수이다. (runner, is, he, fast, a)
→ _____

2 우리는 오래된 성 하나를 방문한다. (castle, we, an, visit, old)
→ _____

3 이 분홍색 꽃들은 그녀의 것이다. (are, flowers, these, hers, pink)
→ _____

4 그녀는 다섯 장의 깨끗한 수건을 원한다. (wants, five, she, towels, clean)
→ _____

5 해리는 훌륭한 소방관이다. (firefighter, excellent, is, an, Harry)
→ _____

6 저 초록색 배낭은 너의 것이다. (backpack, yours, that, green, is)
→ _____

7 2월은 내가 가장 좋아하는 달이다. (month, February, is, favorite, my)
→ _____

8 톰은 두 개의 큰 연을 날린다. (big, flies, Tom, kites, two)
→ _____

runner 달리기 선수
castle 성
visit 방문하다
pink 분홍색의
excellent 훌륭한
backpack 배낭
February 2월
song 노래

9 나는 그들의 새로운 노래들을 듣는다. (listen to, new, their, I, songs)
→ _____

10 그의 작은 강아지는 내 방에 있다. (is, small, in my room, puppy, his)
→ _____

Practice Book

10

형용사의 서술적 용법

Grammar Book • Unit 3 ↪ p. 40을 확인해 보세요.

😊 아래 빈칸을 채우면서 개념을 다시 한번 익혀 보세요.

▶ be동사 뒤에 형용사가 오면 '(어떠)하다'로 해석되어 주어를 설명해 주는데, 이를 형용사의 '서술적 용법'이라고 해요.

Justin is young.
저스틴은 어리다.

Justin is smart.
저스틴은 영리하다.

Justin is cute.
저스틴은 귀엽다.

→ young, smart, cute는 Justin(주어)의 여러 가지 ❶ _____ 를 설명해요.

▶ **She is a pretty girl.** 〔명사를 꾸며주는 한정적 용법〕

= The girl ❷ _____ _____ . 〔주어를 설명하는 서술적 용법〕

Grammar vs. Grammar

형용사는 명사 앞에서 명사를 꾸미기도 하고, be동사 뒤에서 주어를 설명하기도 하는구나!

◐ 다음 밑줄 친 형용사가 주어를 설명하는 것에 체크(✔)하세요.

1 We are <u>happy</u>. _____

2 He has a <u>big</u> mouth. _____

3 The table is <u>square</u>. _____

4 I like <u>red</u> hair. _____

5 My mom is <u>angry</u>. _____

6 That <u>small</u> cup is mine. _____

Plus ➕
찾기

🅐 다음 문장에서 형용사를 찾아 동그라미 하세요.

1 It is foggy today.
[Tip!]

2 Is your bottle full?

3 Tim is happy with his puppy.

4 Are the bridges safe now?

5 This cheesecake is wonderful!

6 The book is not interesting.

7 Is the teacher angry at us?

8 We are free on weekends.

Plus Tip
날씨를 나타내는 형용사는
<명사 + y>로 만든다.
snow 눈 → snowy 눈이 오는
rain 비 → rainy 비가 오는
wind 바람 → windy 바람 부는
cloud 구름 → cloudy 흐린
fog 안개 → foggy 안개 낀
Sun 태양 → sunny 화창한

foggy 안개 낀
bottle (물)병
with ~와 함께
safe 안전한
cheesecake
치즈케이크
wonderful
훌륭한, 멋진

Plus+

빈칸 채워 문장 완성하기

B 다음 두 문장의 뜻이 같도록 빈칸에 알맞은 말을 쓰세요.

1 They are nice pictures.
  = The pictures ___are___ ___nice___ .

2 He is an honest boy.
  = The boy _____ _____ .

3 These are clean plates.
  = These _____ _____ _____ .

honest 정직한
plate 접시
popular 인기 있는

4 She is a popular actress.
  = The _____ _____ _____ .

Level UP!

고른 후 문장 완성하기

C 다음 우리말과 같도록 빈칸에 알맞은 형용사를 골라 be동사를 이용하여 문장을 완성하세요.

| red | new | ugly | dark | thirsty | round |

1 The lipstick ___is___ ___red___ . 그 립스틱은 빨간색이다.

2 This cave _____ _____ . 이 동굴은 어둡다.

3 These fruits _____ _____ . 이 과일들은 못생겼다.

4 That large museum _____ _____ . 저 큰 박물관은 새것이다.

5 Our windows _____ _____ . 우리의 창문은 동그랗다.

lipstick 립스틱
cave 동굴
fruit 과일

6 The soccer players _____ _____ . 그 축구 선수들은 목이 마르다.

Unit 3 형용사 • 43

Build-up Writing

반대말로
문장
완성하기

A 다음 두 문장의 뜻이 같도록 빈칸에 알맞은 말을 쓰세요.

1 They aren't kind nurses.

= The nurses ___are___ ___unkind___ .

2 He isn't a rich man.

= The man _____ _____ .

3 This isn't the wrong answer.

= This answer _____ _____ .

4 Those aren't light flags.

= Those flags _____ _____ .

5 They aren't diligent workers.

= The workers _____ _____ .

6 She isn't a weak girl.

= The girl _____ _____ .

7 That isn't a quiet street.

= That street _____ _____ .

8 These aren't bad students.

= These students _____ _____ .

wrong 틀린
answer 대답
flag 깃발
worker 일꾼, 노동자

9 He isn't an unlucky man.

= The man _____ _____ .

주어진 말
이용하여
문장
완성하기

B 다음 우리말과 같도록 주어진 말과 be동사를 이용하여 문장을 완성하세요.

1 이 햄버거는 맛있다. (yummy, hamburger, this)
➡ _____ This hamburger is yummy. _____

2 제니의 여동생은 사랑스럽다. (sister, Jenny's, lovely)
➡ _____

3 케빈과 제인은 배가 부르다. (full, Kevin and Jane)
➡ _____

4 이 색깔은 밝다. (color, bright, this)
➡ _____

5 저 뱀은 위험하다. (snake, dangerous, that)
➡ _____

6 그녀의 스웨터는 따뜻하다. (sweater, warm, her)
➡ _____

7 두 마리 새끼 고양이들이 아프다. (sick, kittens, two)
➡ _____

8 저 군인들은 힘이 세다. (strong, soldiers, those)
➡ _____

9 그 농부들은 바쁘다. (busy, farmers, the)
➡ _____

10 내 시계는 느리다. (watch, slow, my)
➡ _____

hamburger 햄버거
lovely 사랑스러운
color 색깔
sweater 스웨터
kitten 새끼 고양이
soldier 군인

Review Test

1 다음 중 나머지와 성격이 <u>다른</u> 하나를 고르세요.

① round ② dangerous ③ exciting
④ foggy ⑤ river

2 다음 빈칸에 의미상 <u>어색한</u> 것을 고르세요.

> He is a _____ soldier.

① lazy ② brave ③ tall
④ windy ⑤ strong

3~4 다음 중 짝지어진 형용사의 관계가 <u>다른</u> 것을 고르세요.

3 ① full – empty ② good – bad
③ dry – wet ④ open – closed
⑤ delicious – yummy

4 ① big – large ② glad – happy
③ busy – free ④ clever – smart
⑤ hard – difficult

5 다음 중 형용사가 <u>아닌</u> 것을 고르세요.

① easy ② color ③ warm
④ diligent ⑤ young

6~7 다음 우리말과 같도록 빈칸에 알맞은 것을 고르세요.

6
> 엘리는 저 두꺼운 담요를 산다.
> → Ally buys _____.

① thick that blanket
② that thick blanket
③ that blanket thick
④ blanket thick that
⑤ blanket that thick

7
> 겨울은 내가 가장 좋아하는 계절이다.
> → Winter is _____.

① favorite my season
② season favorite my
③ my season favorite
④ my favorite season
⑤ season my favorite

8 다음 두 문장의 뜻이 같도록 빈칸에 알맞은 것을 고르세요.

> The guy is lucky.
> = He is _____.

① lucky guy ② a guy lucky
③ guy lucky ④ lucky a guy
⑤ a lucky guy

9 다음 주어진 단어가 바르게 배열된 것을 고르세요.

> _____ smiles at me.
> (cute, that, baby)

① That cute baby
② That baby cute
③ Cute baby that
④ Cute that baby
⑤ Baby that cute

10 다음 중 틀린 문장을 고르세요.

① My brother is a great pilot.
② Amy likes pink her sweater.
③ Two gray kittens are on the floor.
④ This black coffee is bitter.
⑤ I know the handsome man.

11 다음 밑줄 친 형용사의 쓰임이 다른 것을 고르세요.

① She is a popular actress.
② Jessy draws three small mice.
③ Do you hate sour lemons?
④ Our neighbors are nice.
⑤ He wants those green pants.

12 다음 두 문장의 뜻이 같도록 빈칸에 반대의 뜻을 가진 형용사를 쓰세요.

> James is not quiet.
> = James is _____.

13 다음 문장에서 틀린 부분을 찾아 바르게 고쳐 문장을 다시 쓰세요.

> Does he want blue that shirt?
> 그는 저 파란 셔츠를 원하니?

→ _____

14 다음 두 문장의 뜻이 같도록 빈칸에 알맞은 말을 쓰세요.

> Those pigs are fat.
> = Those are _____ _____.

Write about you!

15 다음 질문을 읽고, 자신에 맞게 답해 보세요.

> Q Is your room clean?
> A (Yes / No).
>   I have a _____ _____.

부사의 쓰임

Practice Book

11

🙂 아래 빈칸을 채우면서 개념을 다시 한번 익혀 보세요.

▶ 부사는 동작이나 상태가 어떠한지를 구체적으로 덧붙여 설명해 주는 말로 동사, 다른 부사, ❶ _____ 를 꾸며줘요.

▶ 부사가 동사를 꾸밀 때는 주로 동사의 뒤에, 형용사나 다른 부사를 꾸밀 때는 그 ❷ _____ 에 와요.

I study hard. 나는 열심히 공부한다.
I study really hard. 나는 정말 열심히 공부한다.
They are very cute. 그들은 매우 귀엽다.

[Plus Tip] 동사가 목적어를 가지고 있을 때 부사는 보통 목적어 ❸ _____ 에 와요.
ex. He eats ice cream quickly. 그는 아이스크림을 빨리 먹는다.

Grammar vs. Grammar

부사는 동사, 부사, 형용사를 꾸미는 말! 형용사는 명사를 꾸미거나 주어를 설명하는 말!

○ 다음 밑줄 친 말이 부사인 것에 체크(✔)하세요.

1 That is a good idea. _____   2 She cries sadly. _____
3 Paul works hard. _____   4 I like the blue shirts. _____
5 The game is fun. _____   6 The game is very fun. _____

Ⓐ 다음 문장에서 동사를 찾아 동그라미 한 후, 각 동사와 어울리는 부사를 골라 쓰세요.

| quickly 빠르게, 빨리 | late 늦게 | heavily 세차게 |
| loudly 크게, 시끄럽게 | high 높게 | beautifully 아름답게 |

1 He ⟨eats⟩ lunch ___quickly___.   2 She dresses up _____.

3 It rains _____.   4 The balloon flies _____.

dress up 차려 입다,
정장을 갖춰 입다
balloon 풍선
laugh 웃다

5 I go to bed _____.   6 Does he laugh _____?

문제 듣기

Plus +

찾은 후
문장
다시 쓰기

B 다음 문장에서 형용사를 찾아 동그라미 한 후, 주어진 부사를 알맞은 자리에 넣어
문장을 다시 쓰세요.

1 Ted is (smart.) (very) → _____Ted is very smart._____

2 The diamond is shiny. (so) → _____

3 Is this shirt big for you? (too) → _____

4 This is a hard question. (really) → _____

5 It is hot today. (so) → _____

diamond 다이아몬드
shiny 빛나는

6 I have a good friend. (really) → _____

Level UP!

찾기

C 다음 밑줄 친 말을 구체적으로 설명하는 부사를 찾아 동그라미 하세요.

1 The palace is very beautiful.

2 The wind blows softly.

3 I win the game perfectly.

palace 궁전
blow (바람이) 불다
softly
부드럽게, 살며시
win 이기다
perfectly 완벽히
cheerfully 즐겁게
simply 간단히

4 The store is too small.

Tip!

5 My classmates sing cheerfully.

6 John answers the question simply.

Plus Tip

class는 '반; 수업', mate는 '짝,
친구'라는 뜻으로 두 단어가 합
쳐진 classmate는 '반 친구'라
는 뜻이 된다. 이렇듯 두 단어가
합쳐져서 새로운 뜻을 만들어내
기도 한다.
ex. foot(발) + ball(공)
= football(축구)

Build-up Writing

문장
다시 쓰기

A 다음 우리말과 같도록 주어진 부사를 알맞은 자리에 넣어 문장을 다시 쓰세요.

1 She cries. (sadly) → <u>She cries sadly.</u>
그녀는 슬프게 운다.

2 They watch TV. (quietly) → _____
그들은 조용히 TV를 본다.

3 The director shouts. (loudly) → _____
그 감독이 크게 소리친다.

4 The coffee is hot. (too) → _____
커피가 너무 뜨겁다.

5 He has a soft voice. (very) → _____
그는 매우 부드러운 목소리를 가지고 있다.

6 The team plays well. (very) → _____
그 팀은 경기를 매우 잘한다.

7 Does your mom drive? (safely) → _____
너의 엄마는 운전을 안전하게 하시니?

8 Are these pants large? (too) → _____
이 바지는 너무 크니?

9 The nurse is kind. (very) → _____
그 간호사는 매우 친절하다.

director 감독
shout 소리치다
voice 목소리
safely 안전하게
cave 동굴

10 Is the cave dark? (really) → _____
그 동굴은 정말 어둡니?

문제 듣기

정답 • p. 16

문장 배열하기

B 다음 우리말과 같도록 주어진 말을 바르게 배열하여 문장을 완성하세요.

1 치타는 매우 빨리 달린다. (run, fast, cheetahs, very)
→ ___Cheetahs run very fast.___

2 그 딸기들은 매우 신선하다. (are, fresh, the strawberries, very)
→ _____

3 그녀는 각각의 질문에 정확하게 답한다. (answers, correctly, each question, she)
→ _____

4 메리와 제인은 매우 열심히 일한다. (so, work, Mary and Jane, hard)
→ _____

5 그녀는 화장을 빨리 한다. (quickly, she, makeup, puts on)
→ _____

6 프랑스 사람들은 저녁 식사를 천천히 먹는다. (dinner, French people, slowly, eat)
→ _____

7 그 학생들은 정말 긴장한 상태이다. (really, the students, nervous, are)
→ _____

8 그는 아침에 일찍 일어난다. (in the morning, wakes up, he, early)
→ _____

9 하얀색 옷은 매우 쉽게 더러워진다. (very, get dirty, white clothes, easily)
→ _____

10 우리는 정말 운이 좋다. (lucky, are, really, we)
→ _____

correctly
정확하게, 옳게

each 각각의

hard 열심히

makeup 화장(put on
makeup 화장을 하다)

French 프랑스인;
프랑스의; 프랑스어

get dirty 더러워지다

clothes 옷

12

부사의 형태

Grammar Book • Unit 4 → p. 48을 확인해 보세요.

😊 아래 빈칸을 채우면서 개념을 다시 한번 익혀 보세요.

▶ 형용사 뒤에 -ly를 붙이면 ❶_____ 가 되며, 부사는 주로 '~하게'로 해석되어요.

She is kind. 그녀는 친절하다.
She speaks ❷_____ . 그녀는 친절하게 말한다.

▶ -y로 끝나는 형용사는 y를 i로 고치고 ❸_____ 를 붙이면 부사가 되요.

This question is easy. 이 문제는 쉽다.
He solves this question ❹_____ . 그는 이 문제를 쉽게 푼다.

-ly	kindly 친절하게	carefully 주의 깊게	quickly 빠르게	loudly 시끄럽게	really 정말, 실제로
-ily	easily 쉽게	happily 행복하게	luckily 운 좋게	busily 바쁘게	heavily 무겁게, 세차게

▶ 형용사와 부사의 형태가 다른 경우도 있어요.

She is a good teacher. 그녀는 좋은 선생님이다.
She teaches ❺_____ . 그녀는 잘 가르친다.

▶ 본래 부사인 단어들은 형용사나 다른 부사를 ❻_____ 꾸며요.

too 너무   very 매우   so 그렇게   quite, pretty 꽤, 상당히
This shirt is too big. 이 셔츠는 너무 크다.

Plus ✚
바꿔 쓰기

 다음 형용사를 부사로 바꿔 쓰세요.

1 sad → _____
슬픈   슬프게

2 happy → _____
행복한   행복하게

3 easy → _____
쉬운   쉽게

4 busy → _____
바쁜   바쁘게

5 quick → _____
빠른   빨리

6 loud → _____
시끄러운   시끄럽게, 요란스럽게

7 nice → _____
멋진   좋게, 멋지게

8 lucky → _____
운 좋은   운 좋게

9 real → _____
진짜의   정말, 실제로

Plus ✚
찾은 후
표시하기

B 다음 문장에서 부사를 찾아 동그라미 한 후, 꾸미는 말을 표시하세요.

1 He reads the book (carefully.)

2 Is the movie really boring?

3 I put on the raincoat quickly.

4 The room isn't so messy.

5 He doesn't talk to me slowly.

6 David walks out of the room quietly.

7 Mr. Smith teaches me kindly.

put on ~을 입다
raincoat 비옷
messy
지저분한, 엉망인
out of ~ 밖으로

> **Plus Tip**
> put on은 '~을 입다, 쓰다'라는 뜻
> 이지만, 무엇인가를 신체 부위에
> 걸치는 의미를 나타내는 경우 모두
> 쓸 수 있다.
> *ex.* put on the lipstick
> 립스틱을 (입술에) 칠하다
> put on some cream
> 크림을 (몸에) 바르다

Level UP!
고르기

C 다음 괄호 안에서 알맞은 말을 고르세요.

1 (1) I want a (comfortable / comfortably) sofa.

(2) He is sleeping (comfortable / comfortably) in my new bed.

2 (1) The cat sits (lazy / lazily) on the chair.

(2) Is your little brother (lazy / lazily)?

3 (1) Our neighbors are very (noisy / noisily).

(2) The kids are running in the hallway (noisy / noisily).

comfortable 편안한
neighbor 이웃
kid 아이
hallway 복도
idea 생각

4 (1) He plays soccer (good / well).

(2) You have a (good / well) idea.

Build-up Writing

빈칸 채우기 **A** 다음 주어진 단어를 빈칸에 알맞은 형태로 쓰세요.

1 She gives her speech ___clearly___ . (clear)

2 This river is _____ deep. (too)

3 His parents look at me _____ . (strange)

4 Jin plays the piano _____ well. (quite)

5 My dog learns new tricks _____ . (easy)

6 She shows her report card _____ . (proud)

7 Fire is very _____ . (dangerous)

8 The host treats every visitor _____ . (kind)

9 My mom talks _____ on the phone. (loud)

10 He has a _____ childhood. (happy)

11 It rains _____ during the summer. (heavy)

12 Crocodiles swim _____ underwater. (quick)

give a speech
연설하다(speech 연설)
strange 이상한
trick 장난, 속임수
show 보여주다
report card 성적표
proud 자랑스러운
fire 불
dangerous 위험한
host 주인
treat 대하다
visitor 방문객
childhood 어린 시절
during ~동안에
crocodile 악어
underwater
물속에서

문장 배열하기

B 다음 우리말과 같도록 주어진 말을 바르게 배열하여 문장을 완성하세요.

1 나는 쉽게 포기하지 않는다. (give up, don't, easily, I)

→ _____

2 소희는 그녀의 이름을 깔끔하게 쓴다. (neatly, her name, Sohee, writes)

→ _____

3 새들이 즐겁게 노래하니? (birds, do, cheerfully, sing)

→ _____

4 바람이 세차게 부니? (blow, the wind, does, hard)

→ _____

5 이 아이스크림은 정말로 차갑다. (cold, is, really, this ice cream)

→ _____

6 그는 커피를 정중하게 사양한다. (the coffee, he, politely, refuses)

→ _____

7 백조 한 마리가 시끄럽게 날개를 파닥거린다. (flaps, noisily, a swan, its wings)

→ _____

8 그 여성 사업가는 옷을 멋지게 차려입는다. (nicely, the businesswoman, dresses up)

→ _____

9 많은 사람들이 큰 소리로 환호한다. (loudly, cheer, many people)

→ _____

10 그는 스케이트보드를 매우 잘 탄다. (a skateboard, well, he, rides, very)

→ _____

give up 포기하다
neatly 깔끔하게
hard 세차게, 세게
politely 정중하게
refuse 거절하다
flap 파닥거리다
swan 백조
wing 날개
businesswoman 여성 사업가
cheer 환호하다

13

주의해야 할 부사

Grammar Book • Unit 4 → p. 50을 확인해 보세요.

아래 빈칸을 채우면서 개념을 다시 한번 익혀 보세요.

▶ 형용사와 부사의 형태가 같은 경우

형용사	late 늦은	early 이른	fast 빠른	high 높은	near 가까운	long 오랜, 긴	deep 깊은
부사	late 늦게	early 일찍	fast 빠르게	high 높게	near 가까이	long 오래	deep 깊게

I have an early class. 나는 이른 수업이 있다.

→ early는 명사 class를 수식하는 형용사

My class starts early. 내 수업은 일찍 시작한다.

→ early는 동사 ❶_____ 를 수식하는 ❷_____

▶ 형태는 같으나 뜻이 다른 경우

- pretty [형용사] 예쁜   **She is pretty.** 그녀는 예쁘다.
- pretty [부사] 꽤, 어느 정도   **She is pretty smart.** 그녀는 ❸_____ 똑똑하다.

- hard [형용사] ┌ 어려운   **The exam is hard.** 그 시험은 ❹_____ .
-           └ 딱딱한   **I don't like a hard bed.** 나는 ❺_____ 침대를 싫어한다.
- hard [부사] 열심히   **I study hard.** 나는 ❻_____ 공부한다.

Plus+
고르기

Ⓐ 다음 밑줄 친 말의 역할에 해당하는 것에 체크(✔)하세요.

                                                       형용사   부사

1 (1) Time goes very <u>fast</u>.   ☐   ☐

    (2) She is a <u>fast</u> eater.   ☐   ☐

2 (1) The new classmates are <u>pretty</u> cool.   ☐   ☐

    (2) You have a <u>pretty</u> dress.   ☐   ☐

3 (1) This desk is pretty <u>hard</u>.   ☐   ☐

    (2) Her husband works <u>hard</u>.   ☐   ☐

time 시간
cool 멋진; 시원한
husband 남편

B 다음 우리말과 같도록 빈칸에 알맞은 부사를 골라 쓰세요.

early	near	pretty	long	hard

Tip!

1 Don't go _____ the water.
물 가까이에 가지 마라.

2 Some people work _____ at night.
몇몇의 사람들은 밤에 오래 일한다.

3 Children want to become adults _____.
어린이들은 일찍 어른이 되고 싶어 한다.

4 The baseball players always play _____.
그 야구 선수들은 항상 열심히 경기한다.

5 That necklace is _____ expensive.
저 목걸이는 꽤 비싸다.

> **Plus Tip**
> '~하지 마라'라고 상대방에게 지시하거나 명령할 때는 〈Don't + 동사원형〉 형태를 쓴다.
> *ex.* Don't run. 뛰지 마라.

want to ~하고 싶다
become ~이 되다
adult 어른, 성인
always 항상
necklace 목걸이

Level UP!

우리말
완성하기

C 다음 밑줄 친 부분에 유의하여 각 문장의 우리말을 완성하세요.

1 (1) I have a <u>late</u> dinner. → 나는 _____ .

(2) I go to bed <u>late</u>. → 나는 _____ .

2 (1) Does the balloon fly <u>high</u>? → 그 풍선이 _____ ?

(2) They climb the <u>high</u> mountain. → 그들은 _____ .

3 (1) This lake is too <u>deep</u>. → 이 호수는 _____ .

(2) She walks <u>deep</u> into the woods. → 그녀는 숲 속으로 _____ .

into ~ 안으로
woods 숲
(wood 나무)
stay 머무르다
spend
(시간을) 보내다

4 (1) They stay together <u>long</u>. → 그들은 함께 _____ .

(2) We spend a <u>long</u> time together. → 우리는 _____ 함께 보낸다.

Build-up Writing

빈칸 채워
문장
완성하기

A 다음 우리말과 같도록 알맞은 것을 골라 주어진 말을 이용하여 문장을 완성하세요.

hard	late	high	deep	pretty

1 (1) 나는 매일 아침 **늦게** 일어난다. (**get up**)

→ I _____ every morning.

(2) 나는 저녁에 **늦은** 모임이 있다. (**have a meeting**)

→ I _____ in the evening.

2 (1) 나는 모든 시험에서 **높은** 점수를 받는다. (**get a score**)

→ I _____ on every exam.

(2) 나는 **높게** 뛸 수 있다. (**jump**)

→ I can _____ .

3 (1) 그녀는 숲에서 **깊은** 숨을 들이마신다. (**take a breath**)

→ She _____ in the forest.

(2) 그녀는 숲에서 **깊게** 숨을 쉰다. (**breathe**)

→ She _____ in the forest.

4 (1) 우리는 사막에서 **열심히** 일한다. (**work**)

→ We _____ in the desert.

(2) 그것은 사막에서 **어려운** 문제이다. (**a problem**)

→ It is _____ in the desert.

meeting 모임
score 점수
breath 숨, 호흡
forest 숲
breathe 숨을 쉬다
desert 사막
problem 문제, 일

5 (1) 나는 **예쁜** 여동생이 있다. (**a sister**)

→ I have _____ .

(2) 나의 여동생은 **꽤** 키가 크다. (**tall**)

→ My sister is _____ .

문장 배열하기

B 다음 우리말과 같도록 주어진 말을 바르게 배열하여 문장을 완성하세요.

1 컴퓨터는 매우 빠르게 계산한다. (fast, calculate, computers, so)

→ _____

2 그 영화의 결말은 꽤 슬프다. (sad, the movie's ending, pretty, is)

→ _____

3 그는 일을 일찍 끝낸다. (his work, he, early, finishes)

→ _____

4 그녀는 늦게 집에 가지 않는다. (go home, late, she, doesn't)

→ _____

5 나는 깊은 슬픔을 느낀다. (sadness, feel, I, deep, a)

→ _____

6 샘은 공을 높이 찬다. (the ball, Sam, high, kicks)

→ _____

7 한국인은 오랜 역사를 가지고 있다. (history, a, have, Koreans, long)

→ _____

8 너는 여기에서 가까이 사니? (near, you, live, do, here)

→ _____

calculate 계산하다
ending 끝, 결말
sadness 슬픔
feel 느끼다
kick (공을) 차다
history 역사
leave 떠나다
stone 돌, 돌멩이

9 그 가족은 내일 일찍 떠난다. (early tomorrow, leaves, the family)

→ _____

10 이 돌들은 그렇게 딱딱하지 않다. (aren't, stones, hard, these, so)

→ _____

14

빈도부사

Grammar Book • Unit 4 p.52를 확인해 보세요.

🐛 아래 빈칸을 채우면서 개념을 다시 한번 익혀 보세요.

▶ 빈도부사는 어떤 행동을 '얼마나 자주' 하는지 말할 때 사용하는 부사예요.

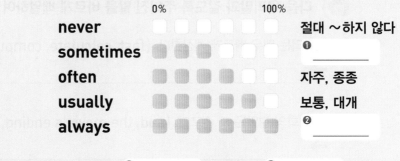

	0%	100%	
never			절대 ~하지 않다
sometimes			❶ _____
often			자주, 종종
usually			보통, 대개
always			❷ _____

▶ 빈도부사는 be동사 ❸ _____ , 일반동사 ❹ _____ 에 와요.

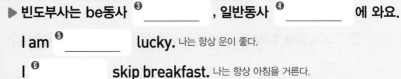

I am ❺ _____ lucky. 나는 항상 운이 좋다.

I ❻ _____ skip breakfast. 나는 항상 아침을 거른다.

Plus Tip 횟수를 구체적으로 표현하고 싶을 때는 다음과 같은 표현을 쓸 수 있어요.
ex. once 한 번 / twice 두 번(=two times)

Plus ➕

찾은 후
연결하기

Ⓐ 다음 문장에서 빈도부사를 찾아 동그라미 하고, 해당하는 뜻을 찾아 연결하세요.

1 She is (always) polite. •   • **a** 때때로

2 I usually skip breakfast. •   • **b** 보통, 대개

3 He is never late for school. •   • **c** 종종, 자주

4 Grace often eats lunch with Jin. •   • **d** 항상, 언제나

polite 정중한
skip 건너뛰다
shower 샤워

5 She sometimes sings in the shower. •   • **e** 절대 ~하지 않다

Plus +
고르기

B 다음 괄호 안에 주어진 빈도부사가 들어갈 위치로 알맞은 곳을 고르세요.

1 (always)　　I ① am ② busy ③ in the morning.

2 (often)　　Students ① take ② online ③ classes.

3 (usually)　　Bats ① are ② active ③ at night.

4 (sometimes)　Our family ① eats ② out ③ at restaurants.

5 (never)　　He ① puts ② sugar ③ in his coffee.

bat 박쥐
active 활동적인
eat out 외식하다
restaurant
식당, 레스토랑
put 넣다
sugar 설탕

Level UP!
빈칸 채워 문장 완성하기

C 다음 우리말과 같도록 주어진 동사와 빈도부사를 이용하여 문장을 완성하세요.

1 그녀는 항상 선글라스를 쓴다. (wears)
　→ She ___always___ ___wears___ sunglasses.

2 이 거리는 보통 조용하다. (is)
　→ This street _____ _____ quiet.

3 그는 가끔 악몽을 꾼다. (has)
　→ He _____ _____ a nightmare.

4 나는 종종 혼자 집에 있다. (am)
　→ I _____ _____ alone at home.

sunglasses
선글라스
nightmare 악몽
alone 혼자인, 홀로
joke 농담

5 피터는 내 농담에 절대 웃지 않는다. (laughs)
　→ Peter _____ _____ at my jokes.

Build-up Writing

문장
다시 쓰기

A 다음 괄호 안의 우리말에 해당하는 빈도부사를 넣어 문장을 다시 쓰세요.

1 She goes to bed at 10. (보통, 대개)
→ _____She usually goes to bed at 10._____

2 I change my clothes. (종종, 자주)
→ _____

3 Our boss is late for work. (절대 ~하지 않다)
→ _____

4 My husband drinks cold water. (항상)
→ _____

5 Many people work from home. (때때로, 가끔)
→ _____

6 The weather is warm in spring. (보통, 대개)
→ _____

7 He wastes time. (절대 ~하지 않다)
→ _____

8 The food at the restaurant is yummy. (항상)
→ _____

change clothes
옷을 갈아입다

boss 상사

work from home
재택근무하다

weather 날씨

spring 봄

waste 낭비하다

yummy 맛있는

letter 편지

9 The man writes letters. (때때로, 가끔)
→ _____

10 She wears her favorite skirt. (종종, 자주)
→ _____

문장 배열하기

B 다음 우리말과 같도록 주어진 말을 바르게 배열하여 문장을 완성하세요.

1 나는 보통 학교에 걸어서 간다. (to school, I, usually, walk)

→ _____

2 로버트는 절대 나에게 화내지 않는다. (never, is, Robert, angry at me)

→ _____

3 그 음악가는 자주 여기서 공연한다. (often, performs, the musician, here)

→ _____

4 나의 강아지는 때때로 달아난다. (sometimes, runs away, my dog)

→ _____

5 만화책은 항상 재미있다. (comic books, always, funny, are)

→ _____

6 나는 종종 달력을 확인한다. (my calendar, I, check, often)

→ _____

7 우리는 때때로 조부모님을 방문한다. (sometimes, our grandparents, visit, we)

→ _____

8 나의 오빠의 방은 전혀 깨끗하지 않다. (is, my brother's room, clean, never)

→ _____

9 토끼는 항상 빠르게 뛴다. (fast, runs, always, the rabbit)

→ _____

perform 공연하다
musician 음악가
run away 달아나다
calendar 달력
office 사무실

10 그들은 보통 사무실에 있다. (in the office, usually, are, they)

→ _____

Review Test

1~2 다음 중 형용사와 부사가 **잘못** 짝지어진 것을 고르세요.

1 ① quiet – quietly ② lucky – luckily
   ③ deep – deep ④ noisy – noisy
   ⑤ real – really

2 ① soft – softly ② busy – busily
   ③ fast – fastly ④ slow – slowly
   ⑤ beautiful – beautifully

3 다음 빈칸에 알맞지 **않은** 것을 고르세요.

> Jack has a big test tomorrow. He is
> _____ nervous.

① too ② so ③ very
④ quiet ⑤ really

4 다음 빈칸에 공통으로 알맞은 것을 고르세요.

> · Rebecca works _____ every day.
> · This bed is too _____. I want that soft one.

① hard ② late ③ too
④ quite ⑤ pretty

5 다음 밑줄 친 부분의 쓰임이 나머지와 **다른** 것을 고르세요.

① We live together <u>long</u>.
② She has a <u>lovely</u> daughter.
③ His wife is <u>pretty</u> lazy.
④ Linda dresses up <u>very</u> nicely.
⑤ The boy band is <u>really</u> popular.

6~7 다음 빈칸에 들어갈 말이 바르게 짝지어진 것을 고르세요.

6
> Danny swims very _____.
> → Danny is a _____ swimmer.

① good – good ② well – well
③ good – well ④ well – good
⑤ goodly – good

7
> · Is this tea _____ hot?
> · She always passes the test _____.
> · The bird on the tree sings _____.

① real – easy – cheerful
② real – easily – cheerfully
③ really – easily – cheerful
④ really – easy – cheerfully
⑤ really – easily– cheerfully

8~9 다음 괄호 안에서 알맞은 말을 고르세요.

8 Many people (are usually / usually are) busy on Monday morning.

9 Lisa sometimes laughs (loud / loudly).

10 다음 중 밑줄 친 부분이 틀린 문장의 개수를 고르세요.

> ⓐ The snake moves very quickly.
> ⓑ My dog is noisily tonight.
> ⓒ Emma goes to bed lately.
> ⓓ He breathes deep in the woods.

① 0개   ② 1개   ③ 2개
④ 3개   ⑤ 4개

11 다음 중 틀린 문장을 고르세요.

① Peter often goes to the library.
② Andy helps always his friends.
③ I sometimes take a walk in the park.
④ He is never late for meetings.
⑤ The music room is usually empty.

서술형 🖊

12 다음 문장에서 틀린 부분을 찾아 바르게 고쳐 쓰세요.

> Paul's room is pretty messy. He cleans never his room.

_____ ➡ _____

13~14 다음 우리말과 같도록 주어진 말을 바르게 배열하여 문장을 완성하세요.

13 우리는 종종 집에서 함께 영화를 본다.
(watch, often, movies, we)

➡ _____
together at home.

14 가끔 비가 세차게 온다.
(heavily, sometimes, rains)

➡ It _____ .

Write about you!

15 다음 질문을 읽고, 알맞은 빈도부사를 사용하여 자신에 맞게 답해 보세요.

> Q How often do you play computer games?
> 너는 얼마나 자주 컴퓨터 게임을 하니?
>
> A _____

15

can의 의미와 쓰임

🗣 아래 빈칸을 채우면서 개념을 다시 한번 익혀 보세요.

▶ 조동사 can은 동사 앞에 쓰여 '~할 수 있다, ~할 줄 안다'라는 뜻을 더해주며, can 뒤에는 항상 동사원형이 와서 ❶ _____ + ❷ _____ 으로 써요.

He swims. 그는 수영한다. → He can ❸ _____ . 그는 수영할 줄 안다.

We are friends. 우리는 친구다. → We can be friends. 우리는 친구가 될 수 있다.

▶ 문장에 조동사가 있으면 조동사 뒤에 not을 넣어 부정문을, 조동사를 주어 앞으로 옮겨 의문문을 만들어요. 의문문에 대답할 때는 can이나 can't를 이용해서 답해요.

• He ❹ _____ swim. 그는 수영할 줄 모른다.
    = can't

• Can he swim? 그는 수영할 줄 아니?
  - Yes, ❺ _____ _____ . 응, 할 수 있어.
  - No, ❻ _____ _____ . 아니, 못해.

Plus➕
빈칸 채우기 🅐 다음 밑줄 친 부분을 조동사 can을 이용하여 형태를 바꿔 빈칸을 채우세요.

1 Jenny draws pictures well.
제니는 그림을 잘 그린다.
→ Jenny __can__ __draw__ pictures well.
제니는 그림을 잘 그릴 수 있다.

2 The road is slippery.
그 길은 미끄럽다.
→ The road _____ _____ slippery.
그 길은 미끄러울 수 있다.

3 She rides a horse.
그녀는 말을 탄다.
→ She _____ _____ a horse well.
그녀는 말을 잘 탈 줄 안다.

4 They learn skills quickly.
그들은 빨리 기술을 배운다.
→ They _____ _____ skills quickly.
그들은 빨리 기술을 배울 수 있다.

5 He carries the desk.
그는 그 책상을 옮긴다.
→ He _____ _____ the desk.
그는 그 책상을 옮길 수 있다.

slippery 미끄러운
learn 배우다
skill 기술

6 We are friends.
우리는 친구다.
→ We _____ _____ best friends.
우리는 단짝 친구가 될 수 있다.

Plus✚
골라 쓰기

B 다음 문장의 빈칸에 can과 cannot 중 알맞은 말을 쓰세요.

1 Butterflies _____can_____ fly. Men _____cannot_____ fly.

2 Little babies _____ walk. Children _____ walk.

3 Rabbits _____ speak. Parrots _____ speak.

4 Adults _____ drive cars. Children _____ drive cars.

5 We _____ breathe in water. Fish _____ breathe in water.

6 I _____ borrow books on holidays. I _____ borrow books on weekdays.

butterfly 나비
parrot 앵무새
adult 어른
breathe 숨 쉬다
borrow 빌리다
holiday 휴일
weekday 평일

Level UP!
주어진 말 이용하여 대화 완성하기

C 다음 주어진 말을 이용하여 의문문을 완성하고, 괄호 안에서 알맞은 말을 고르세요.

1 A _____Can she ride a bike?_____ (ride a bike)
　 B No, she (can /(can't)).

2 A _____ (solve this problem)
　 B Yes, I (can / can't).

3 A _____ (jump high)
　 B Yes, they (can / can't).

4 A _____ (fix the roof)
　 B No, he (can / can't).

5 A _____ (throw the ball far)
　 B Yes, I (can / can't).

6 A _____ (catch a mouse)
　 B No, it (can / can't).

solve 풀다, 해결하다
problem 문제
roof 지붕
throw 던지다
far 멀리; 먼

Build-up Writing

배열하기

Ⓐ 다음 우리말과 같도록 주어진 말을 바르게 배열하여 문장을 완성하세요.

1 조쉬는 일본어를 매우 잘 읽을 줄 안다. (read, Josh, can, Japanese)

→ _____Josh can read Japanese_____ very well.

2 독수리들은 다른 새들보다 더 멀리 볼 수 있니? (can, see, eagles)

→ _____ farther than other birds?

3 나는 지금 당장 그 질문에 대답할 수 없다. (I, answer, cannot)

→ _____ the question right now.

4 초콜릿은 개들에게 위험할 수 있다. (be, can, dangerous, chocolate)

→ _____ to dogs.

5 너는 내일 나와 같이 언덕을 오를 수 있니? (climb, can, you, a hill)

→ _____ with me tomorrow?

6 그들은 그들의 애완동물과 함께 극장에 들어갈 수 없다. (the theater, enter, can't, they)

→ _____ with their pets.

7 나의 남동생은 아직 100까지 세지 못한다. (count, my brother, cannot)

→ _____ to one hundred yet.

8 그들은 그들의 아이들에게 좋은 부모가 될 수 있다. (be, can, they, good parents)

→ _____ to their children.

9 너의 할머니는 컴퓨터를 사용할 수 있니? (use, can, your grandmother)

→ _____ the computer?

10 사람들은 화성에서 살 수 있니? (live, can, people)

→ _____ on Mars?

Japanese 일본어;
일본인; 일본의
farther 더 멀리
other 다른
right now 지금 당장
dangerous 위험한
theater 극장, 영화관
enter
들어가다, 입장하다
count (수를) 세다
yet 아직
Mars 화성

주어진 말
이용하여
문장
완성하기

B 다음 우리말과 같도록 주어진 말과 조동사 can을 이용하여 문장을 완성하세요.

1 너는 그 강을 가로질러 수영할 수 있니? (swim)

→ _____Can you swim_____ across the river?

2 돌고래들은 땅 위에서 살 수 없다. (dolphins, live)

→ _____ on land.

3 그는 이 기계를 잘 사용할 수 없다. (use, this machine)

→ _____ well.

4 너는 다음 주말에 나의 집을 방문할 수 있니? (visit, my house)

→ _____ next weekend?

5 문어는 그것의 피부 색깔을 바꿀 수 있다. (an octopus, change)

→ _____ its skin color.

6 우리는 다음 달에 해외로 여행할 수 있다. (travel)

→ _____ abroad next month.

7 그녀는 그녀 스스로 그녀의 신발 끈을 묶을 수 있니? (tie, her shoelaces)

→ _____ herself?

8 그 식물은 정글에서 자랄 수 없다. (the plant, grow)

→ _____ in the jungle.

9 그 우주 비행사들은 우주 정거장을 고칠 수 없다. (the astronauts, fix)

→ _____ the space station.

10 그 소년은 짧은 시간 안에 상자들을 옮길 수 있니? (the boy, the boxes, carry)

→ _____ in a short time?

across ~을 가로질러
octopus 문어
change 바꾸다
skin 피부
travel 여행하다
abroad 해외로
tie 묶다
shoelace 신발 끈
herself 그녀 스스로
plant 식물; 심다
astronaut
우주 비행사
space station
우주 정거장

16

may의 의미와 쓰임

Grammar Book • Unit 5 〈 p.64를 확인해 보세요.

😊 아래 빈칸을 채우면서 개념을 다시 한번 익혀 보세요.

▶ 조동사 may는 동사 앞에 쓰여 '~일지도 모른다,' '~해도 좋다'라는 뜻을 더해주며,
❶ _____ + ❷ _____ 으로 써요.

He may come early. 그는 일찍 ❸ _____. [추측]

You ❹ _____ sit down here. 너는 여기 앉아도 좋다. [허락]

▶ '~가 아닐지도 모른다,' '~하면 안 된다'라는 뜻의 부정문은 may 뒤에 not을 붙여
❺ _____ _____ 으로 써요.

He may not come early. 그는 일찍 오지 않을지도 모른다. [추측]

You may not sit down here. 너는 여기 앉으면 안 된다. [허락]

▶ '제가 ~해도 되나요?'라는 뜻으로 쓰여 다른 사람에게 '허락'을 구할 때는 조동사
may를 주어인 I 앞으로 옮겨 〈 ❻ _____ I+동사원형 ~?〉의 형태로 써요.

May I come in? 제가 들어가도 되나요?

- Of course. / Sure. / Yes, you can[may]. [긍정]

- No, you can't[may not]. [부정]

Plus ➕
빈칸 채우기

Ⓐ 다음 밑줄 친 부분을 조동사 may를 이용하여 형태를 바꿔 빈칸을 채우세요.

1 Max <u>is</u> tired. → Max _may_ _be_ tired.
맥스는 피곤하다. 맥스는 피곤할지도 모른다.

2 <u>Do I sit</u> here? → _____ I _____ here?
제가 여기 앉나요? 제가 여기 앉아도 되나요?

3 You <u>wear</u> my hat. → You _____ _____ my hat.
너는 내 모자를 쓴다. 너는 내 모자를 써도 된다.

4 You <u>don't park</u> here. → You _____ _____ _____ here.
당신은 이곳에 주차하지 않는다. 당신은 이곳에 주차하면 안 된다.

5 She <u>is</u> our new teacher. → She _____ _____ our new teacher.
그녀는 우리의 새로운 선생님이다. 그녀는 우리의 새로운 선생님일지도 모른다.

park 주차하다; 공원
present 선물

6 He <u>doesn't like</u> my present. → He _____ _____ _____ my present.
그는 내 선물을 좋아하지 않는다. 그는 내 선물을 좋아하지 않을지도 모른다.

고르기

B 다음 괄호 안에서 알맞은 말을 고르세요.

1 We are always lucky. We (may / may not) win.

2 Don't touch the stove! It (may / may not) be very hot.

3 You (may / may not) play outside. It's dark outside.

4 Blue is his favorite color. He (may / may not) buy the blue shirt.

5 You (may / may not) open the door to strangers. It's dangerous.

6 A May I smoke here?
   B No, you (may / may not).

win 이기다
touch 만지다
stove 가스레인지
outside 바깥, 밖
stranger 낯선 사람
smoke 담배를 피우다

Level UP!
우리말
완성하기

C 다음 밑줄 친 부분에 유의하여 각 문장의 우리말을 완성하세요.

1 It <u>may be</u> a difficult problem.
→ 그것은 어려운 문제 _____ 일지도 모른다 _____.

2 You <u>may enter</u> the room now.
→ 당신은 지금 그 방에 _____.

3 Hurry up! You <u>may miss</u> the bus.
→ 서둘러! 너는 버스를 _____.

4 <u>May I visit</u> your home today?
→ 오늘 제가 당신의 집에 _____?

5 Tom is unkind to me. He <u>may not like</u> me.
→ 톰은 나에게 불친절하다. 그는 나를 _____.

enter 들어가다
miss 놓치다
visit 방문하다
unkind
불친절한(↔kind)

Build-up Writing

문장
배열하기

A 다음 우리말과 같도록 주어진 말을 바르게 배열하여 문장을 완성하세요.

1 제가 여기서 수영해도 되나요? (here, I, may, swim)

→ _____ May I swim here? _____

2 그의 이야기는 재미있지 않을지도 모른다. (not, funny, his story, be, may)

→ _____

3 제가 몇 가지 질문을 해도 되나요? (some questions, may, ask, I)

→ _____

4 너는 이제 떠나도 된다. (now, leave, may, you)

→ _____

5 그들은 파티에 올지도 모른다. (may, they, to the party, come)

→ _____

6 그 소식은 사실이 아닐지도 모른다. (be, true, the rumor, not, may)

→ _____

7 제가 그 소설책을 빌릴 수 있을까요? (the novel, I, may, borrow)

→ _____

8 당신은 당신의 애완동물들을 데려오면 안 된다. (you, not, your pets, bring, may)

→ _____

9 그의 조언은 도움이 될지도 모른다. (may, his advice, helpful, be)

→ _____

leave 떠나다
novel 소설
advice 조언
helpful 도움이 되는

10 그 수업은 일찍 끝나지 않을지도 모른다. (early, the class, not, finish, may)

→ _____

주어진 말
이용하여
문장
완성하기

B 다음 우리말과 같도록 주어진 말과 조동사 may를 이용하여 문장을 완성하세요.

1 그녀는 내년에 스페인에 갈지도 모른다. (go)

→ _____She may go_____ to Spain next year.

2 제가 당신을 공항까지 태워다 드릴까요? (drive)

→ _____ you to the airport?

3 그는 지금 바쁘지 않을지도 모른다. (be)

→ _____ busy now.

4 너는 내일 아침 늦잠을 자도 된다. (sleep)

→ _____ late tomorrow morning.

5 엄마, 엘리샤를 제 생일 파티에 초대해도 되나요? (invite)

→ Mom, _____ Alicia to my birthday party?

6 당신이 원하면 당신은 저와 함께 머물러도 됩니다. (stay)

→ _____ with me if you want.

7 이번 주 토요일은 비가 올지도 모른다. (rain)

→ _____ this Saturday.

8 그녀는 유명한 사진사일지도 모른다. (be)

→ _____ a famous photographer.

Spain 스페인
invite 초대하다
stay 머무르다
if ~하면
photographer
사진사
during class
수업 중에

9 너는 수업 중에 너의 전화기를 사용하면 안 된다. (use)

→ _____ your phone during class.

10 그는 답을 알지 못할지도 모른다. (know)

→ _____ the answer.

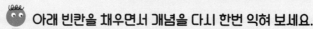

Grammar Book • Unit 5 → p. 66을 확인해 보세요.

🐸 아래 빈칸을 채우면서 개념을 다시 한번 익혀 보세요.

17

must, have to의 의미와 쓰임

▶ 조동사 must는 동사 앞에 쓰여 '~해야 한다'라는 '의무'의 뜻을 더하며 have [has] to와 바꿔 쓸 수 있어요.
• I ❶ _____ study hard. 나는 열심히 공부해야 한다.
   = have to
• She must study hard. 그녀는 열심히 공부해야 한다.
   = ❷ _____

▶ must는 뒤에 not을, have to는 앞에 don't나 doesn't를 넣어 부정문을 만들어요. must와 have[has] to의 부정문은 뜻이 달라 서로 바꿔 쓸 수 없다는 점을 유의해야 해요.
must not은 '~하면 안 된다'라는 뜻이며, don't[doesn't] have to는 '~할 필요가 없다'라는 뜻이에요.
She must not eat too much meat. 그녀는 너무 많은 고기를 ❸ _____
≠She doesn't have to eat too much meat.
   그녀는 너무 많은 고기를 ❹ _____ .

Plus+
고르기

Ⓐ 다음 괄호 안에서 알맞은 말을 고르세요.

1 We (must / must not) wear a seat belt in the car.

2 People (must / must not) smoke indoors.

3 We (must / must not) cheat on the test.

4 Students (must / must not) make noise in class.

5 We (must / must not) wash our hands before meals.

6 You (must / must not) cross the street at a red light.

7 Justin has a toothache. He (must / must not) go to the dentist.

seat belt 안전벨트
indoors 실내에서
cheat 부정행위를 하다
make noise 떠들다
before meals 식사 전에
cross the street 길을 건너다
toothache 치통
go to the dentist 치과에 가다

Plus +
바꿔 쓰기

B 다음 문장의 밑줄 친 말을 두 단어로 바꿔 쓰세요.

1 Children <u>must</u> go to bed early. → ＿＿＿＿＿ ＿＿＿＿＿

2 You <u>must</u> clean your room every day. → ＿＿＿＿＿ ＿＿＿＿＿

3 She <u>must</u> keep a diary every day. → ＿＿＿＿＿ ＿＿＿＿＿

keep a diary
일기를 쓰다

listen to ~의 말씀을
(잘) 듣다; (귀 기울여)
듣다

4 Students <u>must</u> listen to their teachers. → ＿＿＿＿＿ ＿＿＿＿＿

5 Tom <u>must</u> do his homework by tomorrow. → ＿＿＿＿＿ ＿＿＿＿＿

Level UP!
빈칸 채우기

C 다음 우리말과 같도록 빈칸에 알맞은 말을 〔보기〕에서 골라 쓰세요.

보기		
must not	don't have to	doesn't have to

1 You ＿＿＿＿＿＿＿＿＿ fight with your friends. 너는 네 친구들과 싸우면 안 된다.

2 Linda ＿＿＿＿＿＿＿＿＿ buy new shoes. 린다는 새 신발을 살 필요가 없다.

3 She ＿＿＿＿＿＿＿＿＿ eat too much chocolate.
그녀는 너무 많은 초콜릿을 먹으면 안 된다.

4 Students ＿＿＿＿＿＿＿＿＿ get up early on Sundays.
학생들은 일요일에 일찍 일어날 필요가 없다.

5 We ＿＿＿＿＿＿＿＿＿ wear our uniforms at home.
우리는 집에서 우리의 교복을 입을 필요가 없다.

fight with
~와 싸우다

uniform 교복, 유니폼

6 They ＿＿＿＿＿＿＿＿＿ speak Korean in English class.
그들은 영어 수업 시간에 한국말을 하면 안 된다.

Build-up Writing

빈칸 채워
문장
완성하기

A 다음 빈칸에 알맞은 말을 [보기]에서 골라 쓰세요. (필요하면 형태를 바꾸세요.)

보기
have to	don't have to

1 (1) I _____ go to school on weekends.

(2) I _____ go to school on weekdays.

2 (1) We _____ be quiet in the theater.

(2) We _____ be quiet on the playground.

3 (1) A tiger _____ eat a lot of meat.

(2) A pig _____ eat a lot of meat.

4 (1) Parents _____ make money for their children.

(2) Students _____ make money for their parents.

5 (1) A weak man _____ lose weight.

(2) A weak man _____ eat well and exercise a lot.

6 (1) People _____ take off their shoes at home in Korea.

(2) People _____ take off their shoes at home in America.

7 (1) My mom _____ wear sunglasses in the shade.

(2) My mom _____ wear sunglasses in the sun.

a lot of 많은

make money
돈을 벌다

lose weight
살을 빼다

take off
(옷·신발 등을) 벗다

in the shade
그늘에서

in the sun 햇볕에서

주어진 말 이용하여 문장 완성하기

B 다음 우리말과 같도록 주어진 말과 조동사 must나 have to를 이용하여 문장을 완성하세요.

1 너는 그 식물에 매일 물을 줘야 한다. (water the plant)

→ _____You must(have to) water the plant_____ every day.

2 그는 그 버스를 매우 오래 기다릴 필요가 없다. (wait for the bus)

→ _____ very long.

3 우리는 항상 불을 조심해야 한다. (be careful with fire)

→ _____ all the time.

4 그녀는 짠 음식을 너무 많이 먹으면 안 된다. (eat salty food)

→ _____ too much.

5 나는 나의 개에게 매일 먹이를 줘야 한다. (feed my dog)

→ _____ every day.

6 그는 우리에게 비밀을 말할 필요가 없다. (tell the secret)

→ _____ to us.

7 너는 길에 쓰레기를 버리면 안 된다. (throw trash)

→ _____ on the street.

8 우리는 수업 중에 우리의 휴대전화를 사용하면 안 된다. (use our cell phones)

→ _____ in class.

9 그들은 내일 일찍 호텔을 떠날 필요가 없다. (leave the hotel)

→ _____ early tomorrow.

10 그들은 토요일마다 자원봉사를 해야 한다. (do volunteer work)

→ _____ every Saturday.

water 물을 주다
be careful with ~을 조심하다
all the time 항상
salty 짠, 소금이 든
feed ~에게 먹이를 주다, 먹이다
secret 비밀
volunteer work 자원봉사

18
should의 의미와 쓰임

Grammar Book • Unit 5 ▸ p. 68을 확인해 보세요.

아래 빈칸을 채우면서 개념을 다시 한번 익혀 보세요.

▶ 조동사 should는 동사 앞에 쓰여 '~해야 한다'라는 '의무'의 뜻을 더해줘요.
You should go to bed early. 너는 일찍 ❶ _____ .

▶ should 뒤에 not을 넣으면 '~하면 안 된다'라는 '금지'의 뜻을 나타내고,
should not은 shouldn't로 줄여 쓸 수 있어요.
We should not eat fast food. 우리는 패스트푸드를 ❷ _____ .
= ❸ _____

Plus Tip should와 must의 차이
should는 '~하는 것이 좋겠다'는 뜻으로 충고하는 내용을 전하는 반면, must는 '반드시 ~해야 한다'는 뜻으로 지시하는 내용을 전달해요.

Plus+
고르기

A 다음 괄호 안에서 알맞은 말을 고르세요.

1 It's cold outside. You (should / shouldn't) wear a warm coat.

2 Tomorrow is Anne's birthday. I (should / shouldn't) buy a present for her.

3 It's too noisy. You (should / should not) turn down the volume.

4 Jane's shoes are dirty. She (should / shouldn't) wash her shoes.

5 I have a test tomorrow. I (should / shouldn't) study for the test.

6 You have to get up early tomorrow. You (should / should not) go to bed now.

7 You (should / should not) call her. It's too late. She may be sleeping.

8 You (should / shouldn't) play computer games too long. It's bad for your eyes.

coat 외투, 코트
turn down
(소리를) 줄이다, 낮추다
volume 음량, 볼륨
call 전화하다

Plus+

그림 보고 빈칸 채우기

B 다음 그림을 보고, 알맞은 말을 골라 should나 shouldn't를 이용하여 빈칸을 채우세요.

| ~~take pictures~~ | wear a swimming cap | take flowers | eat fast food |

1 You <u>shouldn't</u> <u>take pictures</u> in the museum.

2 You _____ _____ for your health.

3 You _____ _____ in the pool.

4 You _____ _____ to the hospital.

swimming cap
수영모자

Level UP!

고쳐 쓰기

C 다음 우리말과 같도록 밑줄 친 부분을 바르게 고쳐 쓰세요.

1 We <u>shouldn't protect</u> wild animals. → <u>should protect</u>
우리는 야생 동물들을 보호해야 한다.

2 You <u>should drink not</u> that juice. → _____
너는 그 주스를 마시면 안 된다.

3 We <u>should to recycle</u> plastics. → _____
우리는 플라스틱을 재활용해야 한다.

protect 보호하다
wild 야생의
recycle 재활용하다
plastic 플라스틱
bring 가지고 오다
ID card 신분증

4 You <u>should brings</u> your ID card. → _____
너는 너의 신분증을 가져 와야 한다.

5 You <u>should give</u> your snacks to the animals. → _____
너는 동물들에게 너의 과자를 주어서는 안 된다.

Build-up Writing

문장 배열하기

A 다음 우리말과 같도록 주어진 말을 바르게 배열하여 문장을 완성하세요.

1 그는 운전을 천천히 해야 한다. (he, slowly, a car, drive, should)

→ _____

2 너는 낯선 사람을 따라가서는 안 된다. (follow, not, you, strangers, should)

→ _____

3 우리는 우리의 시간을 낭비해서는 안 된다. (not, we, our time, should, waste)

→ _____

4 당신은 가게 안에 음식을 가지고 오면 안 된다. (food, not, you, should, bring)

→ _____ in the store.

5 클레어는 그녀의 옷을 갈아입어야 한다. (her clothes, should, Clair, change)

→ _____

6 윌은 그 이야기를 제니에게 하지 않는 게 좋겠다. (should, the story, Will, tell, not)

→ _____ to Jenny.

7 너는 자전거를 탈 때 안전모를 써야 한다. (should, a helmet, you, wear)

→ _____ when you ride a bike.

8 그녀는 그녀에 대한 악플을 읽지 않는 게 좋겠다. (mean comments, she, read, shouldn't)

→ _____ about her.

9 너는 외출할 때 불을 꺼야 한다. (should, the light, you, turn off)

→ _____ when you go out.

10 릭은 그의 아기 여동생을 돌봐야 한다. (take care of, should, his baby sister, Rick)

→ _____

waste 낭비하다
helmet 안전모, 헬멧
when ~할 때
mean comments
악플(mean 나쁜,
비열한)
comment 댓글; 논평
turn off
(불 등을) 끄다

문장 다시 쓰기

B 다음 문장을 should나 shouldn't를 이용하여 다시 쓰세요.

1 I always eat too much chocolate.

→ ___I shouldn't eat too much chocolate.___

2 He often teases his little brother.

→ _____

3 You sometimes say bad words to your mom.

→ _____

4 She never finishes her homework.

→ _____

5 He is often late for school.

→ _____

6 She always buys very expensive bags.

→ _____

7 You aren't nice to your friends.

→ _____

8 They sometimes forget to lock the door.

→ _____

9 He never cleans his room.

→ _____

10 I watch TV too much.

→ _____

tease 괴롭히다
expensive 비싼
be nice to
～에게 잘하다
forget to
～할 것을 잊다
lock (문 등을) 잠그다

Review Test

1 다음 중 조동사의 의미가 잘못 연결된 것을 고르세요.

① can: ~할 수 있다
② should: ~해야 한다
③ may: ~해도 좋다
④ must: ~해야 한다
⑤ don't have to: ~해서는 안 된다

2 다음 빈칸에 알맞은 것을 고르세요.

> He can _____ Chinese very well.

① be   ② is   ③ read
④ writes   ⑤ makes

3~4 다음 우리말과 같도록 빈칸에 알맞은 것을 고르세요.

3
> He _____ come home late today.
> 그는 오늘 집에 늦게 올지도 모른다.

① can   ② may   ③ must
④ should   ⑤ have to

4
> You _____ be quiet in the theater.
> 너는 극장에서는 조용히 해야 한다.

① may   ② must   ③ can
④ must not   ⑤ should not

5 주어진 문장 뒤에 이어질 말로 가장 자연스러운 것을 고르세요.

> You look sick. _____

① You must wash your hands.
② You must keep the rules.
③ You have to wear a helmet.
④ You should take some rest at home.
⑤ You should change your clothes.

6~7 다음 괄호 안에서 알맞은 말을 고르세요.

6
> A (Must / May) I enter the room?
> B Yes, you may.

7
> Tomorrow is a holiday. My father (must not / doesn't have to) go to work.

8 다음 대화의 빈칸에 알맞은 것을 고르세요.

> A Can you make pancakes?
> B _____

① Yes, I do.   ② No, I can't.
③ Yes, you can.   ④ No, you can't.
⑤ No, I'm not.

9 다음 표지판에 어울리는 말을 고르세요.

① You must not swim here.
② You must not make noise here.
③ You must not cross the street here.
④ You must not eat snacks here.
⑤ You must not bring your pets here.

10 다음 밑줄 친 부분이 **틀린** 것을 고르세요.

① You <u>may leave</u> now.
② You <u>must help</u> old people.
③ We <u>have to feed</u> our cat.
④ You <u>shouldn't tease</u> your friends.
⑤ He <u>don't have to find</u> a job.

11 다음 빈칸에 들어갈 말이 바르게 짝지어진 것을 고르세요.

· It's too dark here. You _____ read a book. It's bad for your eyes.
· Hurry up! We _____ miss the bus.

① can't – should   ② should – may
③ shouldn't – may   ④ shouldn't – must
⑤ may not – should

 서술형

12 다음 밑줄 친 부분을 바르게 고쳐 문장을 다시 쓰세요.

You <u>must eats</u> a lot of vegetables.

➜ _____

13~14 다음 우리말과 같도록 빈칸에 알맞은 말을 쓰세요.

13

Michael _____ ride a bike, but he _____ ride a horse.
마이클은 자전거는 탈 수 있지만, 말은 탈 수 없다.

14

Robots _____ _____ _____ eat.
로봇들은 먹을 필요가 없다.

Write about you!
15 다음 질문을 읽고, 자신에 맞게 답해 보세요.

Q Can you play the piano?
A _____

19

시간을 나타내는 전치사

Grammar Book • Unit 6 → p. 74를 확인해 보세요.

아래 빈칸을 채우면서 개념을 다시 한번 익혀 보세요.

▶ 시간을 나타내는 명사 앞에 전치사 at, on, in을 쓰면 '~에'라는 뜻을 나타내는데, at, on, in은 뒤에 오는 명사의 종류가 달라요.

- ⟨at + **❶**＿＿＿＿⟩

    at twelve 12시에　　　at six o'clock 6시 정각에　　at two thirty 2시 30분에

- ⟨on + 요일, **❷**＿＿＿＿, 특정한 날⟩

    on Sunday 일요일에　　on May 29th 5월 29일에　　on Christmas 크리스마스에

- ⟨in + 달, 계절, **❸**＿＿＿＿⟩

    in March 3월에　　　　in summer 여름에　　　　in 2025 2025년에

▶ 하루의 일과(오전, 오후, 저녁, 밤)를 나타낼 때 in과 at을 쓰는데, at보다 in이 시간이 더 길 경우에 쓰여요.

    in the morning 아침에　　in the afternoon 오후에　　in the evening 저녁에
    at noon 정오[낮 12시]에　　at night 밤에　　　　at midnight 자정[밤 12시]에

▶ 시간을 나타내는 말이 함께 쓰였을 때는 앞에 오는 명사에 전치사를 맞춰요.

    on Sunday morning 일요일 아침에　　**❹**＿＿＿＿ 7 in the evening 저녁 7시에

Plus＋
고르기

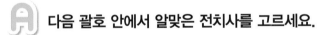 다음 괄호 안에서 알맞은 전치사를 고르세요.

1 (in / on / at) 7 o'clock

2 (in / on / at) the afternoon

3 (in / on / at) 11:25

4 (in / on / at) 2005

5 (in / on / at) April

6 (in / on / at) April 1st

7 (in / on / at) Tuesday

8 (in / on / at) my birthday

9 (in / on / at) midnight

10 (in / on / at) noon

11 (in / on / at) autumn

12 (in / on / at) 9 in the morning

문제 듣기

Plus +
빈칸 채우기 **B** 다음 문장의 빈칸에 알맞은 전치사를 쓰세요.

1 Luke takes a shower _____ eight thirty.

2 Sunny practices the piano _____ Monday.

3 My dad comes home _____ 6:30 every evening.

4 We often visit my grandmother's house _____ winter.

5 Tim sometimes gets up late _____ the morning.

6 People eat tteokguk _____ New Year's Day.

take a shower
샤워를 하다
practice 연습하다
visit 방문하다
tteokguk 떡국
(= rice cake soup)
New Year's Day
1월 1일, 새해 첫 날

Level UP!
**찾은 후
고쳐 쓰기** **C** 다음 문장에서 전치사를 찾아 동그라미 한 후, 바르게 고쳐 쓰세요.

1 My mom was born (on) 1979. → ___in___

2 The kitten takes a nap in noon. → _____

3 Our field trip is at June 4th. → _____

4 The zoo closes in 8:30. → _____

5 Yena has a taewondo class at Thursday. → _____

6 My sister makes us snacks on the evening. → _____

7 The spring break is at February. → _____

kitten 새끼 고양이
take a nap 낮잠자다
field trip 현장 학습
June 6월
zoo 동물원
close 닫다
taekwondo 태권도
snack 간식
spring break 봄방학
February 2월

Build-up Writing

A 다음 우리말과 같도록 주어진 말과 알맞은 전치사를 이용하여 문장을 완성하세요.

1 우리는 정오에 점심을 먹는다. (lunch, noon)

→ We have _____lunch at noon_____.

2 그는 10월 8일에 시험을 친다. (an exam, October 8th)

→ He takes _____.

3 그들은 토요일 오후에 극장에 간다. (the theater, Saturday afternoon)

→ They go to _____.

4 저스틴은 3시 정각에 비행기를 탄다. (an airplane, 3 o'clock)

→ Justin takes _____.

5 지하철은 자정에 운행을 멈춘다. (running, midnight)

→ The subway stops _____.

6 나의 언니는 아침에 항상 우유를 마신다. (milk, the morning)

→ My sister always drinks _____.

7 애나는 그녀의 생일에 새 안경을 받는다. (glasses, her birthday)

→ Anna gets new _____.

8 우리는 봄에 아름다운 꽃들을 볼 수 있다. (beautiful flowers, spring)

→ We can see _____.

9 그들은 여름에 해변에 간다. (the beach, summer)

→ They go to _____.

10 우리는 크리스마스 이브에 선물을 교환한다. (gifts, Christmas Eve)

→ We exchange _____.

exam 시험
theater 극장
running 운행, 달리는 것
subway 지하철
stop 멈추다
glasses 안경
beach 해변
gift 선물
Christmas Eve
크리스마스 이브
exchange 교환하다

찾은 후
문장
고쳐 쓰기

B 다음 문장에서 <u>틀린</u> 곳을 찾아 바르게 고쳐 문장을 다시 쓰세요.

1 The school begins (on) March. → The school begins in March.

2 I leave this city in August 2nd. → _____

3 My birthday party is in 5:30. → _____

4 You can see stars on night. → _____

5 He has a quiz at Monday. → _____

6 The movie ends in 8:00. → _____

7 I have a date at Friday. → _____

8 It snows at January. → _____

March 3월
leave 떠나다
end 끝나다
date 데이트 약속
January 1월
camping 캠핑
library 도서관

9 We go camping at summer. → _____

10 The library opens on 2025. → _____

20

위치를
나타내는
전치사

Grammar Book • Unit 6 ◀─▶ p. 76을 확인해 보세요.

😊 아래 빈칸을 채우면서 개념을 다시 한번 익혀 보세요.

in ~ 안에   **on ❶** _____   **under** ~ 아래에   **next to ❷** _____

in front of ~ 앞에   **behind ❸** _____   **between A and B** A와 B 사이에

▶ be동사 뒤에 <전치사+명사>가 올 경우 be동사는 '(~에) 있다'라는 뜻이 되어요.

The dog is in the doghouse. 개가 개집 ❹ _____

Plus +

그림 보고
고르기

Ⓐ 다음 그림을 보고, 괄호 안에서 알맞은 전치사를 고르세요.

1

James is (behind /
next to) the tree.

2

The dog is (under /
on) the chair.

3

The cat is (between /
on) the boy and the girl.

4

Apples are (behind /
in) the basket.

5

Anna is (in front of /
between) the door.

6

The key is (on / under)
the table.

basket 바구니
key 열쇠

정답 • p. 21

고르기 Plus+

B 다음 우리말과 같도록 괄호 안에서 알맞은 말을 고르세요.

1 My cat sleeps (on / under) my bed.
내 고양이는 내 침대 밑에서 잔다.

2 The park is (in front of / next to) the museum.
그 공원은 박물관 앞에 있다.

3 They study (in / under) the library.
그들은 도서관에서 공부한다.

4 The bathroom is (between / next to) my room and the kitchen.
욕실은 내 방과 부엌 사이에 있다.

5 His office is (next to / behind) the bank.
그의 사무실은 은행 옆에 있다.

bathroom 욕실
kitchen 부엌
office 사무실
bank 은행
plate 접시

6 Some plates are (on / under) the table.
몇몇의 접시가 탁자 위에 있다.

Level UP!

빈칸 채우기 C 다음 우리말과 같도록 빈칸에 알맞은 말을 쓰세요.

1 She is _____ the mirror. 그녀는 거울 앞에 있다.

2 The bookshelf is _____ the desk. 책꽂이가 책상 옆에 있다.

3 A bird is _____ the roof. 새 한 마리가 지붕 위에 있다.

4 My umbrella is _____ my bag. 내 우산은 내 가방 안에 있다.

mirror 거울
bookshelf 책꽂이
roof 지붕
hide 숨다
sofa 소파

5 My brother hides _____ the sofa. 내 남동생은 소파 뒤에 숨는다.

6 Lia stands _____ James and me. 리아는 제임스와 나 사이에 서 있다.

그림 보고
빈칸 채우기

 다음 그림을 보고, 문장의 빈칸에 알맞은 전치사를 쓰세요.

1 The bakery is _____next to_____ the restaurant.

2 The park is _____ the toy store.

3 The toy store is _____ the park.

4 The restaurant is _____ the bakery and the toy store.

5 The dog is _____ the table in the restaurant.

6 The vase is _____ the table in the restaurant.

bakery 빵집
restaurant
식당, 레스토랑
vase 꽃병
teddy bear
곰 인형, 테디베어
glass 유리

7 The teddy bear and the toy car are _____ the glass box in the toy store.

8 The toy car is _____ the teddy bear.

주어진 말 이용하여 문장 완성하기

B 다음 우리말과 같도록 주어진 말과 알맞은 전치사를 이용하여 문장을 완성하세요.

1 벤은 항상 내 **옆에** 앉는다. (Ben, me, always sits)

→ _____ Ben always sits next to me. _____

2 고양이 한 마리가 카페트 **위에서** 잠잔다. (sleeps, the carpet, a cat)

→ _____

3 몇몇의 사람들이 빌딩 **앞에** 있다. (the building, are, some people)

→ _____

4 도서관은 초등학교 **뒤에** 있다. (is, the elementary school, the library)

→ _____

5 내 강아지는 담요 **아래에** 숨는다. (my puppy, the blanket, hides)

→ _____

6 병원은 서점과 은행 **사이에** 있다. (the bank, the hospital, is, the bookstore)

→ _____

7 잭은 우체국 **안에** 있다. (the post office, Jack, is)

→ _____

8 두 남자가 쇼핑몰 **옆에** 서 있다. (stand, two men, the mall)

→ _____

carpet 카페트
elementary school
초등학교
blanket 담요
bookstore 서점
post office 우체국
mall 쇼핑몰
stage 무대

9 한 소녀가 무대 **위에서** 춤을 춘다. (dances, the stage, a girl)

→ _____

10 크리스마스 트리가 시청 **앞에** 있다. (City Hall, a Christmas tree, is)

→ _____

21

방향을 나타내는 전치사

Grammar Book • Unit 6 ➡ p. 78을 확인해 보세요.

아래 빈칸을 채우면서 개념을 다시 한번 익혀 보세요.

into ~ 안으로   **out of** ~ 밖으로

up ~ 위로

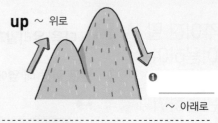

❶ _____ ~ 아래로

across ~을 가로질러

❷ _____ ~을 따라서

to ~ 으로

❸ _____ ~으로부터

Plus Tip

in과 into는 모두 '안'을 뜻하지만, in은 '~ 안에 머무르는 것'을 의미하고, into는 '~ 안으로 들어오는 이동'을 의미해요. out와 out of도 모두 '밖'을 뜻하지만, out는 '~ 밖에 머무르는 것,' out of는 '~ 밖으로 나가는 이동'을 의미해요.

Plus +

그림 보고 고르기

 A 다음 그림을 보고, 괄호 안에서 알맞은 전치사를 고르세요.

1

Sarah walks (into / out of) the market.
Chris walks (into / out of) the market.

2

Sarah walks (up / down) the stairs.
Chris walks (up / down) the stairs.

3

Sarah goes (from / to) the school.
Chris starts (from / to) the school.

4

Sarah runs (along / across) the street.
Chris runs (along / across) the street.

Plus ＋
고르기

B 다음 우리말과 같도록 빈칸에 알맞은 말을 고르세요.

1 Frogs can live _____ water.　　　　① into　　② out of
개구리는 물 밖에서 살 수 있다.

2 Horses run _____ the road.　　　　① across　　② along
말들이 도로를 따라 달린다.

3 I climb _____ a mountain.　　　　① up　　② down
나는 산 위로 오른다.

4 We throw coins _____ the pond.　　　　① into　　② up
우리는 연못 안으로 동전을 던진다.

5 The ship comes _____ the sea.　　　　① from　　② across
그 배는 바다를 가로질러 온다.

road 도로
throw 던지다
coin 동전
pond 연못
ship 배

6 Mary is going _____ the park.　　　　① to　　② from
메리는 공원으로 가고 있다.

Level UP!
빈칸 채우기

C 다음 우리말과 같도록 빈칸에 알맞은 말을 쓰세요.

1 Jenny goes _____ the slide. 제니는 미끄럼틀을 타고 아래로 내려온다.

2 We walk _____ the beach. 우리는 해변을 따라 걷는다.

3 Leaves are falling _____ the tree. 나뭇잎들이 나무에서부터 떨어지고 있다.

4 Emily comes _____ the classroom. 에밀리가 교실 밖으로 나온다.

5 Some people push _____ the bus. 몇몇의 사람들이 버스 안으로 밀고 들어간다.

slide 미끄럼틀
push 밀다

6 A dog runs _____ the road. 개 한 마리가 도로를 가로질러 달린다.

Build-up Writing

고쳐 쓰기 **A** 다음 우리말과 같도록 밑줄 친 부분을 바르게 고쳐 쓰세요.

1 They run <u>up the gym</u>.
그들은 체육관 안으로 뛰어 들어간다.
→ _____into the gym_____

2 We're going <u>from the mountain</u>.
우리는 산 아래로 내려가고 있다.
→ _____

3 He walks <u>out of the office</u>.
그는 사무실로 걸어간다.
→ _____

4 Jane comes <u>along the museum</u>.
제인은 박물관 밖으로 나온다.
→ _____

5 She rides her bike <u>across the river</u>.
그녀는 강을 따라 자전거를 탄다.
→ _____

6 We go <u>into the stairs</u>.
우리는 계단 위로 올라간다.
→ _____

7 The dog is coming <u>down the kitchen</u>.
그 개가 부엌 안으로 들어오고 있다.
→ _____

8 They start <u>along their house</u> at 10:30.
그들은 열 시 반에 집으로부터 출발한다.
→ _____

9 My uncle drives <u>up the hill</u>.
나의 삼촌은 언덕 아래로 운전하여 내려오신다.
→ _____

10 We walk <u>out of the field</u>.
우리는 들판을 가로질러 걷는다.
→ _____

gym 체육관
field 들판

주어진 말
이용하여
문장
완성하기

B 다음 우리말과 같도록 주어진 말과 알맞은 전치사를 이용하여 문장을 완성하세요.

1 우리는 가끔 놀이공원에 간다. (sometimes go, we, the amusement park)

→ _____ We sometimes go to the amusement park. _____

2 그는 강을 **가로질러** 헤엄칠 수 있다. (can swim, the river, he)

→ _____

3 그녀가 수영장 **속으로** 다이빙한다. (she, the swimming pool, dives)

→ _____

4 나의 엄마가 쇼핑몰 **밖으로** 걸어 나온다. (the mall, walks, my mom)

→ _____

5 트럭 한 대가 언덕 **아래로** 내려온다. (comes, a truck, the hill)

→ _____

6 벌레 한 마리가 내 다리 **위로** 기어 올라온다. (my leg, a bug, crawls)

→ _____

7 그 소년들이 트랙을 **따라서** 뛴다. (the track, the boys, run)

→ _____

8 바람이 서쪽**에서부터** 불어온다. (blows, the wind, the west)

→ _____

amusement park
놀이공원
truck 트럭
bug 벌레
crawl 기어가다
track 경주로, 트랙
blow 불다
wind 바람
west 서쪽
boat 보트, 배

9 내 여동생이 욕실 **안으로** 들어간다. (goes, the bathroom, my sister)

→ _____

10 보트 한 척이 호수를 **가로질러** 온다. (comes, the lake, a boat)

→ _____

1~3 다음 우리말과 같도록 빈칸에 알맞은 것을 고르세요.

1

He runs _____ the hill.
그는 언덕 아래로 달린다.

① up   ② down   ③ along
④ into   ⑤ out of

2

The big lamp is _____ the closet.
큰 램프가 옷장 옆에 있다.

① under   ② behind   ③ across
④ next to   ⑤ in front of

3

Fish can't live _____ the water.
물고기는 물 밖에서 살 수 없다.

① along   ② from   ③ out of
④ across   ⑤ between

4 다음 빈칸에 공통으로 알맞은 것을 고르세요.

• Many leaves fall _____ autumn.
• New Year's Day is _____ January.

① on   ② in   ③ at
④ to   ⑤ from

5 다음 밑줄 친 부분이 틀린 것을 고르세요.

① I write in my diary in night.
② The school bus comes at 8:30.
③ She gets out of the post office.
④ We have a quiz on Wednesday.
⑤ My mom washes the dishes in the evening.

6~7 다음 우리말과 같도록 빈칸에 들어갈 말이 바르게 짝지어진 것을 고르세요.

6

• We can see many flowers _____ spring.
우리는 봄에 많은 꽃을 볼 수 있다.
• The market is _____ the hospital and the elementary school.
시장은 병원과 초등학교 사이에 있다.

① in – between   ② on – between
③ in – across   ④ on – in front of
⑤ at – from

7

• A key is _____ the carpet.
열쇠는 카페트 아래에 있다.
• Jim is running _____ the track.
짐은 트랙을 따라 달리고 있다.

① out of – across   ② out of – along
③ under – across   ④ under – along
⑤ under – from

8 다음 두 문장의 뜻이 같도록 빈칸에 알맞은 것을 <u>고르세요</u>.

> Her office is behind the pet store.
> = The pet store is _____ her office.

① under   ② from   ③ out of
④ across   ⑤ in front of

9 다음 빈칸에 들어갈 전치사가 나머지와 <u>다른</u> 것을 <u>고르세요</u>.

① He plays soccer _____ the afternoon.
② We go to the zoo _____ Saturday.
③ Our vacation starts _____ July.
④ I eat cookies _____ the evening.
⑤ We have much snow _____ winter.

10 다음 밑줄 친 부분의 의미가 <u>틀린</u> 것을 고르세요.

① Sue goes <u>into</u> the house. (~ 안으로)
② He exercises <u>from</u> 2 to 3. (~로부터)
③ The final game begins <u>at</u> 8. (~에)
④ We go on a field trip <u>on</u> May 10. (~에)
⑤ I walk slowly <u>along</u> the road. (~ 위로)

서술형

11~13 다음 그림을 보고, 빈칸에 알맞은 말을 쓰세요.

11 A table is _____ the living room.

12 A vase is _____ the table.

13 Two kittens are _____ the table.

14 다음 우리말과 같도록 <u>틀린</u> 부분을 찾아 바르게 고쳐 쓰세요.

> The farmer drives a tractor to the field.
> 그 농부는 들판을 가로질러 경운기를 몬다.

_____ → _____

Write about you!

15 교실에서 다음 위치에 해당하는 친구의 이름을 쓰세요.

(1) My friend _____ is next to me.
(2) My friend _____ is in front of me.

22

There is +단수 명사 / There are +복수 명사

😊 아래 빈칸을 채우면서 개념을 다시 한번 익혀 보세요.

▶ There가 문장의 맨 앞에 오고, 뒤에 be동사가 오면 '❶_____'라는 뜻으로 쓰여요.

▶ There 뒤에 오는 be동사는 바로 뒤에 오는 명사의 수에 의해 결정되는데, 단수 명사가 오면 is, 복수 명사가 오면 ❷_____ 를 써요.

There ❸_____ an apple in the box. 상자 안에 한 개의 사과가 있다.

There are three ❹_____ in the box. 상자 안에 세 개의 사과들이 있다.

▶ milk, butter와 같은 물질명사는 셀 수 없으므로 be동사는 is를 써요.

There ❺_____ some butter on the plate. 접시 위에 약간의 버터가 있다.

▶ A cup is on the table.을 There is 구문으로 바꾸면, ❻_____ is a cup on the table.이 되어요.

Grammar vs. Grammar

셀 수 없는 명사 앞에는 관사는 못 오고, 단수로만 쓰였었지?

⭕ 다음 괄호 안에서 알맞은 것을 고르세요. (× = 필요 없음)

1 (a, an, ×) milk   2 (a, an, ×) boy   3 (a, an, ×) money

4 (a, an, ×) potatoes   5 (a, an, ×) orange   6 (a, an, ×) Korea

7 (a, an, ×) friends   8 (a, an, ×) butter   9 (a, an, ×) men

Plus➕
고르기

Ⓐ 다음 괄호 안에서 알맞은 동사를 고르세요.

1 There (is / are) a lamp next to the drawer.

2 There (is / are) many tall models at the show.

3 There (is / are) some butter in the refrigerator.

4 There (is / are) two mice in the basement.

5 There (is / are) an onion under the bed.

6 There (is / are) five members in our family.

7 There (is / are) a gold necklace on the table.

lamp 램프
drawer 서랍장
model 모델
refrigerator 냉장고
mouse 쥐
(복수형 mice)
basement 지하실
onion 양파
member 구성원, 회원
gold 금색의
necklace 목걸이

Plus ✚
빈칸 채우기 **B** 다음 괄호 안에 주어진 명사를 알맞은 형태로 빈칸에 쓰세요.

1 There is ___an umbrella___ in my bag. (umbrella)

2 There are four _____ on the flower. (bee)

3 There is _____ in front of the shop. (balloon)

4 There are strong _____ in the gym. (man)

5 There is some _____ in her purse. (money)

6 There are many _____ in this river. (fish)

7 There are dirty _____ in the sink. (dish)

8 There is _____ on the farm. (goose)

bee 벌
balloon 풍선
strong 힘이 센
purse 지갑
sink 싱크대
goose 거위

> **Plus Tip**
> 명사의 복수형은 -s를 붙여서 만들지만, -x, -ch, -sh, -s로 끝나는 명사들은 -es를 붙인다. 또한, 형태가 바뀌는 명사(ex. woman → women)와 단수형과 복수형의 형태가 동일한 명사(ex. sheep, fish)도 있다.

Level UP!
그림 보고 빈칸 채우기 **C** 다음 그림을 보고, 빈칸에 알맞은 말을 골라 문장을 완성하세요.

| ~~bench~~ | owl | cat | milk | book |

1 There ___is___ a ___bench___ next to the tree.

2 There _____ two _____ under the tree.

3 There _____ an _____ in the tree.

4 There _____ some _____ on the bench.

5 There _____ some _____ in the glass.

bench 벤치, 긴 의자
owl 올빼미

Build-up Writing

Ⓐ 다음 우리말과 같도록 주어진 말을 이용하여 문장을 완성하세요.

1 책꽂이 위에 앨범 한 권이 있다. (an album)

　→ _____There is an album_____ on the bookshelf.

2 콘서트 홀 안에 수천 명의 팬들이 있다. (thousands of fans)

　→ _____ in the concert hall.

3 호수 앞에 아름다운 정원이 있다. (a beautiful garden)

　→ _____ in front of the lake.

4 그릇 안에 약간의 수프가 있다. (some soup)

　→ _____ in the bowl.

5 교회 옆에 나무들이 많이 있다. (many trees)

　→ _____ next to the church.

6 내 가방 안에 10개의 크레용이 있다. (ten crayons)

　→ _____ in my bag.

7 하늘에 보름달이 있다. (a full moon)

　→ _____ in the sky.

8 컵 안에 약간의 물이 있다. (some water)

　→ _____ in the cup.

9 침대 위에 내 양말이 있다. (my socks)

　→ _____ on the bed.

10 텔레비전 옆에 선풍기가 있다. (a fan)

　→ _____ next to the television.

album 앨범
bookshelf 책꽂이
thousands of
수천 명의
fan 팬; 선풍기
concert hall 콘서트 홀
garden 정원
soup 수프
crayon 크레용
full moon 보름달

주어진 말
이용하여
문장
완성하기 2

B 다음 우리말과 같도록 [보기]에서 알맞은 전치사를 골라 주어진 말과 There is[are]를 이용하여 문장을 완성하세요.

┌─**보기**───┐
  on   in   under   in front of   next to   behind
└──┘

1 탁자 위에 꽃병이 하나 있다. (a vase, the table)

→ <u>　　　　　　　　There is a vase on the table.　　　　　　　　</u>

2 말 뒤에 곰 두 마리가 있다. (two bears, the horse)

→ <u>　　　　　　　　　　　　　　　　　　　　　　　　　</u>

3 돼지 저금통 안에 약간의 돈이 있다. (some money, the piggy bank)

→ <u>　　　　　　　　　　　　　　　　　　　　　　　　　</u>

4 극장 앞에 여배우 한 명이 있다. (an actress, the theater)

→ <u>　　　　　　　　　　　　　　　　　　　　　　　　　</u>

5 식탁 위에 약간의 빵이 있다. (some bread, the table)

→ <u>　　　　　　　　　　　　　　　　　　　　　　　　　</u>

6 학교 옆에 경찰서가 있다. (a police station, the school)

→ <u>　　　　　　　　　　　　　　　　　　　　　　　　　</u>

7 크리스마스 트리 아래에 선물 상자가 한 개 있다. (a gift box, the Christmas tree)

→ <u>　　　　　　　　　　　　　　　　　　　　　　　　　</u>

8 나의 집 안에 화장실이 두 개 있다. (two bathrooms, my house)

→ <u>　　　　　　　　　　　　　　　　　　　　　　　　　</u>

piggy bank
돼지 저금통

actress 여배우

police station
경찰서

gift box 선물 상자

23

There is[are]의 부정문과 의문문

Grammar Book • Unit 7 → p. 86을 확인해 보세요.

아래 빈칸을 채우면서 개념을 다시 한번 익혀 보세요.

▶ be동사 뒤에 not을 넣으면 '~이 ❶ _____ 〔있지 않다〕'의 뜻이 되어요.

There is ❷ _____ a boy in the pool. 수영장에 소년 한 명이 없다.

▶ be동사를 맨 앞으로 보내서 의문문을 만들며, 대답할 때는 there와 be동사를 이용해 답해요.

Are ❸ _____ any dogs in your house? 너의 집에 개가 있니?

– Yes, there are. 응. 있어.　　– No, there aren't. 아니. 없어.

Plus Tip There is[are]의 부정은 줄여서 쓸 수 있어요.

There is not ~ = There's not ~ / There ❹ _____ ~

There are not ~ = There ❺ _____ ~

Grammar vs. Grammar

물질 명사는 용기나 단위를 복수형으로 만들어 양이 많음을 나타내지?

○ 다음 우리말을 영어로 바르게 쓴 것을 고르세요.

1 우유 두 잔	① two glasses of milk	② two glass of milks
2 종이 세 장	① three piece of papers	② three pieces of paper
3 잼 다섯 병	① five jars of jam	② five jars of jams

Plus+ 고르기

Ⓐ 다음 괄호 안에서 알맞은 말을 고르세요.

1 There (isn't / aren't) any cheese in the sandwich.

2 There (isn't / aren't) a clock on the wall.

3 There (isn't / aren't) any tomatoes in the basket.

4 There (isn't / aren't) a map on the desk.

5 There (isn't / aren't) many spiders under the bed.

6 There (isn't / aren't) three sheets of paper in the box.

7 There (isn't / aren't) any fallen leaves in the park.

8 There (isn't / aren't) a red doghouse in our yard.

cheese 치즈
sandwich 샌드위치
clock 시계
map 지도
spider 거미
fallen leaves 낙엽
doghouse 개집
yard 마당

B 다음 괄호 안에서 알맞은 것을 고른 후, 대답을 완성하세요.

1 A (Is / Are) there a cow on the farm?

　　B No, there _____ .

2 A (Is / Are) there many birds on the roof?

　　B No, there _____ .

3 A (Is / Are) there any snow on the mountains?

　　B Yes, there _____ .

4 A (Is / Are) there any benches in the park?

　　B Yes, there _____ .

5 A (Is / Are) there cold water in the cup?

　　B No, there _____ .

banana 바나나
lunch box
도시락 상자

6 A (Is / Are) there two bananas in the lunch box?

　　B Yes, there _____ .

C 다음 우리말과 같도록 빈칸에 알맞은 말을 쓰세요.

1 __There__ __aren't__ any wolves in the zoo. 동물원에 늑대들이 없다.

2 _____ _____ Jane's phone behind the TV. TV 뒤에 제인의 전화기가 없다.

3 _____ _____ any yogurt on the table? 식탁 위에 약간의 요거트가 있니?

4 _____ _____ many islands in Korea? 한국에는 섬들이 많이 있니?

yogurt 요거트
island 섬
trash can 쓰레기통
bright (색이) 밝은
clothes 옷

5 _____ _____ a trash can in the street? 길에 쓰레기통이 있니?

6 _____ _____ bright clothes in my closet. 내 옷장에 밝은 색의 옷들이 없다.

Build-up Writing

문장 배열하기

A 다음 우리말과 같도록 주어진 말을 바르게 배열하여 문장을 완성하세요.

1 욕실에 수건이 없다. (not, a, is, towel, in the bathroom, there)

→ _____

2 닭장에 닭들이 없다. (in the hen house, there, not, are, chickens)

→ _____

3 거실에 장난감 상자가 있니? (a, in the living room, toy box, there, is)

→ _____

4 싱크대 안에 포크가 두 개 있니? (forks, two, are, in the sink, there)

→ _____

5 공항에 비행기들이 없다. (aren't, there, any airplanes, at the airport)

→ _____

6 냉장고에 신선한 고기가 없다. (in the fridge, any fresh meat, not, is, there)

→ _____

7 버스에 많은 사람들이 있니? (there, many people, on the bus, are)

→ _____

8 쟁반 위에 내 햄버거가 없다. (my hamburger, is, not, on the tray, there)

→ _____

towel 수건
hen house 닭장
chicken 닭
living room 거실
airport 공항
fresh 신선한
meat 고기
hamburger 햄버거
tray 쟁반
taxi 택시

9 이 건물 안에 병원이 있니? (is, in this building, hospital, there, a)

→ _____

10 거리에 택시들이 없다. (taxis, not, on the streets, are, there)

→ _____

주어진 말
이용하여
문장
완성하기

B 다음 우리말과 같도록 주어진 말을 이용하여 문장을 완성하세요. (부정형은 축약형으로 쓰세요.)

1 농장에 오리들이 없다. (any ducks)

→ ___There aren't any ducks___ on the farm.

2 그 마을에 호수가 있니? (a lake)

→ _____ in the town?

3 접시 위에 깨끗한 숟가락들이 있니? (clean spoons)

→ _____ on the dish?

4 내 분홍색 치마가 서랍 안에 없다. (my pink skirt)

→ _____ in the drawer.

5 바위 위에 개미들이 많이 있니? (many ants)

→ _____ on the rock?

6 머그잔 안에 물이 있니? (any water)

→ _____ in the mug?

7 내 방에는 만화책이 없다. (any comic books)

→ _____ in my room.

duck 오리
spoon 숟가락
skirt 치마
ant 개미
rock 바위
mug 머그잔
pie 파이
oven 오븐

8 바구니 안에 사탕 2개가 있니? (two candies)

→ _____ in the basket?

9 오븐 안에 애플파이가 없다. (an apple pie)

→ _____ in the oven.

Review Test

1 다음 빈칸에 들어갈 말이 나머지와 다른 것을 고르세요.

① There _____ four seasons in Korea.
② There _____ a spoon on the dish.
③ There _____ some soda in the glass.
④ There _____ an orange on the table.
⑤ There _____ a bed in his room.

2~3 다음 빈칸에 알맞지 않은 것을 고르세요.

2

There are two _____ in the basket.

① eggs   ② jam   ③ potatoes
④ cookies   ⑤ crayons

3

There isn't _____ in my backpack.

① an eraser   ② any money
③ a ruler   ④ some books
⑤ a smartphone

4~5 다음 빈칸에 알맞은 것을 고르세요.

4

There _____ five pandas in the zoo.

① is   ② are   ③ has
④ do   ⑤ does

5

_____ there a model at the door?

① Is   ② Are   ③ Has
④ Do   ⑤ Does

6 다음 중 not이 들어갈 위치로 알맞은 곳을 고르세요.

There ① is ② a mirror ③ in ④ the drawer ⑤.

7 다음 우리말을 영어로 바르게 쓴 것을 고르세요.

강을 따라 가게들이 있나요?

① Is there a shop along the river?
② Are there shops along the river?
③ Is there shops along the river?
④ Are there a shop along the river?
⑤ There are shops along the river?

8 다음 대화의 빈칸에 알맞은 것을 고르세요.

A Is there a spider on the floor?
B _____

① Yes, there is.   ② Yes, it is.
③ No, it isn't.   ④ No, there aren't.
⑤ No, they aren't.

9~10 다음 괄호 안에서 알맞은 말을 고르세요.

9 (1) There (is / are) hot coffee in the mug.

(2) There (isn't / aren't) three chickens on the farm.

10 A (Are / Is) there (a melon / melons) on the tray?

B Yes, there are.

11 다음 그림을 보고, 빈칸에 들어갈 말이 바르게 짝지어진 것을 고르세요.

A Are there two girls in the park?

B _____

A Is there a cat under the bench?

B _____

① Yes, there is. – Yes, there is.

② Yes, there are. – Yes, there is.

③ Yes, there are. – No, there isn't.

④ No, there aren't. – Yes, there is.

⑤ No, there aren't. – No, there isn't.

12 다음 대화의 빈칸에 알맞은 말을 쓰세요.

A Are there any people on the train?

B No, _____ _____ .

13 다음 우리말과 같도록 <u>틀린</u> 부분을 찾아 바르게 고쳐 쓰세요.

There is seven dirty plates in the sink.
싱크대 안에 일곱 개의 더러운 접시들이 있다.

_____ ➔ _____

14 다음 우리말과 같도록 주어진 말을 바르게 배열하여 문장을 완성하세요.

거리에 차들이 많지 않다.
(there, many cars, are, on the streets, not)

➔ _____

Write about you!

15 다음 질문을 읽고, 자신에 맞게 답해 보세요.

Q Is there a bakery near your school?

A _____

3인칭 단수 현재형(불규칙 변화)

⊙ -ch, -sh, -x, -s, -o로 끝나는 동사

watch	watches	보다
catch	catches	잡다
teach	teaches	가르치다
brush	brushes	솔질[비질/양치질]하다
wash	washes	씻다
finish	finishes	끝나다
mix	mixes	섞다
fix	fixes	고치다, 수선하다
miss	misses	그리워하다; 놓치다
cross	crosses	건너가다
kiss	kisses	입맞춤하다
pass	passes	지나가다; 합격하다
go	goes	가다
do	does	하다

⊙ 〈자음+y〉로 끝나는 동사

study	studies	공부하다
fly	flies	날다
fry	fries	튀기다
try	tries	노력하다
marry	marries	결혼하다
cry	cries	울다
dry	dries	말리다, 건조시키다
carry	carries	운반하다
worry	worries	걱정하다

⊙ 모양이 변하는 동사

have	has	가지고 있다

다양한 형용사와 부사

● 〈형용사+-ly〉 형태의 부사

형용사	부사
kind 친절한	kindly 친절하게
careful 조심하는	carefully 주의 깊게
quick 빠른	quickly 빠르게, 빨리
loud 시끄러운, 소리가 큰	loudly 시끄럽게, 소란스럽게
slow 느린	slow 느리게
new 새로운	newly 새롭게
safe 안전한	safely 안전하게
quiet 조용한	quietly 조용하게
real 실제의, 진짜의	really 정말, 실제로
fluent 유창한	fluently 유창하게
clear 명확한, 분명한	clearly 명확하게, 분명하게
sad 슬픈	sadly 슬프게
bad 나쁜	badly 나쁘게; 서투르게
beautiful 아름다운	beautifully 아름답게
perfect 완벽한	perfectly 완벽하게
neat 깔끔한, 정돈된	neatly 깔끔하게
cheerful 발랄한, 쾌활한	cheerfully 명랑하게, 쾌활하게
soft 부드러운	softly 부드럽게
correct 맞는, 정확한	correctly 정확하게
nice 좋은, 멋진	nicely 멋지게
proud 자랑스러운	proudly 자랑스럽게
polite 예의 바른, 정중한	politely 예의 바르게
simple 간단한, 단순한	simply 간단하게 simplely (x)
comfortable 편안한	comfortably 편안하게 comfortablely (x)

● 〈형용사+-ily〉 형태의 부사

형용사	부사
happy 행복한	happily 행복하게
lazy 게으른	lazily 게으르게
heavy 무거운	heavily 심하게; 세게, 힘껏
easy 쉬운	easily 쉽게
noisy 시끄러운	noisily 요란하게, 시끄럽게
busy 바쁜	busily 바쁘게
lucky 운 좋은	luckily 운 좋게

● 형용사와 부사의 형태가 같은 경우

형용사	부사
early 이른	early 일찍 earily (x)
fast 빠른	fast 빠르게 fastly (x)
long 오랜, 긴	long 오래 longly (x)
pretty 예쁜	pretty 꽤, 어느 정도 prettily (x)
late 늦은	late 늦게 *lately 최근에
near 가까운	near 가까이 *nearly 거의
high 높은	high 높이, 높게 *highly 크게, 대단히
deep 깊은	deep 깊게 *deeply 대단히
hard 어려운; 딱딱한	hard 열심히 *hardly 거의 ~하지 않는

* late, near, high, deep, hard는 끝에 -ly를 붙이면 전혀 다른 뜻의 부사가 된다.

● 형용사와 부사의 형태가 다른 경우

형용사	부사
good 좋은	well 잘 goodly (x)

월 / 요일 / 계절 / 색깔

● 월

1월	January	7월	July
2월	February	8월	August
3월	March	9월	September
4월	April	10월	October
5월	May	11월	November
6월	June	12월	December

● 요일

월요일	Monday
화요일	Tuesday
수요일	Wednesday
목요일	Thursday
금요일	Friday
토요일	Saturday
일요일	Sunday

● 계절

봄	spring
여름	summer
가을	fall(autumn)
겨울	winter

● 색깔

빨간색	red	보라색	violet
주황색	orange	갈색	brown
노란색	yellow	하얀색	white
초록색	green	검정색	black
파란색	blue	회색	gray
자주색	purple	금색	gold
분홍색	pink	은색	silver

Memo

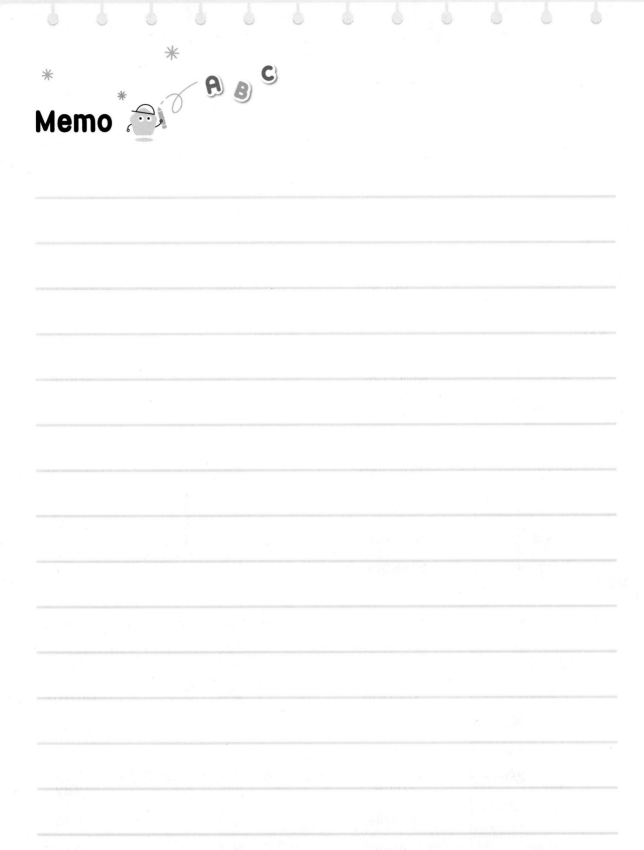

초등 영어 완성!

눈으로 보거나 패러디 하거나

눈으로 영문법을 익히고 **패러디**로 창작하는
신개념 초등 영어 **문법, 쓰기**

The sun _sees_ them.

the sun

leaves

see

A giraffe _sees_ the leaves.

books

She _sees_ the book.

완전하게 달라진,
눈으로 보면서 익히는 기초 영문법

· 어려운 문법, 도식으로 한 눈에 개념 이해
· 진도용 & 숙제용의 분권 구성으로 학습 효과 극대화

초등 3 ~ 6학년 / Level 1 ~ 4

반복된 패러디로
창의적 글쓰기 향상

· 원래의 글(Original)을 기초로 자신만의 모방글(Parody)
  을 쓰는 새로운 쓰기 학습법
· 단계별, 점진적, 자기 주도적 쓰기력 향상
· 삽화, 노래, 숨은 그림 찾기 등 흥미로운 활동

초등 3 ~ 6학년 / Level 1 ~ 4

I See **Grammar** 보는 문법 개념 & 풍부한 문제 풀이로 이해

대표전화 1544-0554

주소 서울특별시 구로구 디지털로33길 48 대륭포스트타워 7차 20층

협의 없는 무단 복제는 법으로 금지되어 있습니다.

I See Grammar

미니 단어장

LEVEL
2

I See! Grammar

미니 단어장

LEVEL
2

* Grammar Book과 Practice Book에
나온 단어들을 Unit별로 정리했습니다.

01 | be동사와 일반동사

☐ **nervous**	휑 긴장한
☐ **son**	명 아들 (*cf.* daughter 딸)
☐ **gloves**	명 장갑 (복수형으로 씀)
☐ **magician**	명 마술사 (*cf.* magic 마술)
☐ **fishing**	명 낚시 (*cf.* go fishing 낚시하러 가다)
☐ **Korean**	명 한국인 휑 한국의
☐ **farmer**	명 농부 (*cf.* farm 농장)
☐ **grow**	동 키우다; 자라다
☐ **corn**	명 옥수수
☐ **bean**	명 콩
☐ **enjoy**	동 즐기다
☐ **bat**	명 박쥐
☐ **famous**	휑 유명한
☐ **chef**	명 요리사

☐ **hate**	통 싫어하다
☐ **science**	명 과학
☐ **sell**	통 팔다 (↔ buy 사다)
☐ **rose**	명 장미
☐ **get up**	일어나다 (cf. wake up 깨다, 일어나다)
☐ **bake**	통 (빵 등을) 굽다
☐ **chocolate**	명 초콜릿
☐ **comic book**	만화책
☐ **wag**	통 (개가 꼬리를) 흔들다
☐ **tail**	명 꼬리
☐ **work**	통 일하다; 작동하다 명 직장
☐ **bank**	명 은행
☐ **polar bear**	명 북극곰
☐ **live in**	~에 살다
☐ **the Arctic**	명 북극

☐ **elf**	몡 요정 (복수형 elves)
☐ **wear**	동 (모자 등을) 쓰다, (옷을) 입다
☐ **painter**	몡 화가
☐ **funny**	혱 웃기는 (*cf.* fun 재미있는)
☐ **all the time**	항상, 줄곧
☐ **write**	동 쓰다
☐ **lay**	동 (알 등을) 낳다
☐ **ladybug**	몡 무당벌레
☐ **about**	뷔 대략, 약 젠 ~에 대해서
☐ **lifetime**	몡 일생, 평생

03 3인칭 단수 주어와 일반동사(불규칙 변화)

☐ **meet**	동 만나다
☐ **marry**	동 결혼하다
☐ **hold**	동 잡다, 들다
☐ **wash**	동 씻다
☐ **fix**	동 고치다, 수선하다

□ **fly**	⑧ 날다
□ **fry**	⑧ 튀기다
□ **some**	약간의, 조금, 몇 개의
□ **potato**	⑲ 감자
□ **rainbow**	⑲ 무지개
□ **cook**	⑲ 요리사 ⑧ 요리하다
□ **flour**	⑲ 밀가루
□ **with**	㉑ ~와 함께 (↔ without ~ 없이)
□ **sugar**	⑲ 설탕
□ **sunset**	⑲ 노을
□ **visit**	⑧ 방문하다 (*cf.* visitor 방문객)
□ **pray**	⑧ 기도하다
□ **finish**	⑧ 끝나다
□ **Chinese**	⑲ 중국어; 중국인 ⑱ 중국의
□ **university**	⑲ 대학교
□ **trick**	⑲ 기법, 속임수

04 일반동사의 부정문

□ **exercise**	통 운동하다
□ **music**	명 음악
□ **jacket**	명 재킷
□ **fit**	통 ~에게 맞다
□ **chick**	명 병아리
□ **follow**	통 따라가다
□ **hen**	명 암탉
□ **turtle**	명 거북이
□ **move**	통 움직이다, 이동하다
□ **dictionary**	명 사전
□ **American**	명 미국인 형 미국의
□ **chopsticks**	명 젓가락 (복수형으로 씀)

05 일반동사의 의문문

□ **climb**	통 (산 등을) 오르다

☐ **shellfish**	명 조개
☐ **German**	명 독일어 형 독일의
☐ **glasses**	명 안경 (*cf.* glass 유리; 유리잔)
☐ **plant**	명 식물; 화분 통 (나무 등을) 심다
☐ **sunlight**	명 햇빛
☐ **jungle**	명 정글
☐ **take a shower**	샤워하다
☐ **sneakers**	명 운동화
☐ **octopus**	명 문어
☐ **England**	명 영국

06 　일반동사의 의문문에 대한 대답

☐ **snail**	명 달팽이
☐ **homework**	명 숙제
☐ **gym**	명 체육관
☐ **badminton**	명 배드민턴
☐ **tennis**	명 테니스

07 형용사의 역할(한정적 용법)

☐ **fast**	휑 빠른 휫 빠르게, 빨리
☐ **expensive**	휑 비싼 (↔ cheap 싼)
☐ **wise**	휑 현명한
☐ **easy**	휑 쉬운 (↔ difficult 어려운)
☐ **knife**	휑 칼
☐ **dirty**	휑 더러운 (↔ clean 깨끗한; 청소하다)
☐ **thirsty**	휑 목마른
☐ **heavy**	휑 무거운 (↔ light 가벼운)
☐ **poor**	휑 서투른; 가난한 (↔ rich 부유한)
☐ **clear**	휑 분명한
☐ **hard**	휑 어려운; 딱딱한 휫 열심히; 세게
☐ **purple**	휑 자줏빛의
☐ **noisy**	휑 시끄러운
☐ **fresh**	휑 신선한

□ **sauce**	몡 소스
□ **smile**	몡 미소 통 미소 짓다
□ **give**	통 주다, 제공하다

08 다양한 형용사

□ **animal**	몡 동물
□ **coat**	몡 외투, 코트
□ **scarf**	몡 스카프, 목도리
□ **wall**	몡 담, 벽

09 형용사의 위치

□ **mango**	몡 망고
□ **stupid**	혱 어리석은
□ **problem**	몡 문제, 일
□ **pants**	몡 바지
□ **correct**	혱 정확한 (↔ incorrect)
□ **address**	몡 주소
□ **koala**	몡 코알라

10 | 형용사의 서술적 용법

☐ **road**	몡 도로, 길
☐ **dangerous**	휑 위험한
☐ **close**	휑 가까운 (↔ far 먼) 동 닫다
☐ **alone**	휑 혼자인 (*cf.* lonely 외로운)
☐ **medicine**	몡 약; 의학
☐ **bitter**	휑 (맛이) 쓴
☐ **artist**	몡 예술가 (*cf.* art 예술)
☐ **town**	몡 마을
☐ **shy**	휑 수줍음이 많은, 부끄러워하는
☐ **polite**	휑 예의 바른, 공손한
☐ **surprising**	휑 놀라운
☐ **novel**	몡 소설
☐ **thick**	휑 두꺼운 (↔ thin 얇은)
☐ **carrot**	몡 당근

11 부사의 쓰임

☐ **huge**	혱 거대한 (↔ tiny 매우 작은)
☐ **perfect**	혱 완벽한
☐ **yawn**	통 하품하다
☐ **land**	몡 땅, 육지 (*cf.* on land 땅 위에서)
☐ **clearly**	閉 분명하게, 명확하게
☐ **tight**	혱 꽉 끼는, 작은

12 부사의 형태

☐ **fluently**	閉 유창하게 (*cf.* fluent 유창한)
☐ **throw**	통 던지다
☐ **pass**	통 합격하다; 지나가다
☐ **hill**	몡 언덕
☐ **act**	통 연기하다; 행동하다
☐ **stage**	몡 무대
☐ **library**	몡 도서관

13 주의해야 할 부사

☐ **wife**	몡 아내 (↔ husband 남편)
☐ **want to**	~하고 싶다 (*cf.* want 원하다)
☐ **stay**	툉 머무르다
☐ **trunk**	몡 코끼리의 코; 나무의 몸통; (자동차의) 트렁크
☐ **dig**	툉 (구멍 등을) 파다
☐ **hole**	몡 구멍
☐ **show**	몡 쇼 툉 보여주다

14 빈도부사

☐ **lie**	툉 거짓말하다 몡 거짓말
☐ **shine**	툉 빛나다
☐ **messy**	혱 지저분한, 엉망인
☐ **explorer**	몡 탐험가 (*cf.* explore 탐험하다)
☐ **discover**	툉 발견하다
☐ **make a mistake**	실수하다 (*cf.* mistake 실수)
☐ **Africa**	몡 아프리카

15 can의 의미와 쓰임

☐ **ski**	홍 스키를 타다 명 스키
☐ **puzzle**	명 퍼즐
☐ **winner**	명 승자, 이긴 사람 (*cf.* win 이기다)
☐ **eagle**	명 독수리
☐ **man**	명 인간, 사람; 남자 성인 (복수형 men)
☐ **think**	홍 생각하다
☐ **machine**	명 기계
☐ **spaghetti**	명 스파게티
☐ **ocean**	명 바다, 대양
☐ **magic**	명 마술
☐ **without**	전 ~ 없이

16 may의 의미와 쓰임

☐ **designer**	명 디자이너
☐ **rumor**	명 소문

☐ **try on**	(옷 등을) 시험 삼아 입어보다
☐ **bring**	통 데리고 오다, 가지고 오다
☐ **a lot**	많이
☐ **truth**	명 진실, 사실 (*cf.* true 진실인)
☐ **hurry up**	서두르다
☐ **miss**	통 놓치다; 그리워하다
☐ **ticket**	명 표, 티켓
☐ **use**	통 사용하다
☐ **restroom**	명 화장실

17 must, have to의 의미와 쓰임

☐ **have a cold**	감기에 걸리다 (*cf.* cold 감기)
☐ **light**	명 (불)빛 형 가벼운; 밝은
☐ **teenager**	명 십대
☐ **beer**	명 맥주
☐ **traffic**	명 교통
☐ **rule**	명 규칙

☐ **chat with**	~와 떠들다 (*cf.* chat 수다 떨다)	
☐ **trash can**	휴지통 (*cf.* trash 쓰레기)	
☐ **wait for**	~을 기다리다	
☐ **take a picture**	사진을 찍다	
☐ **worry about**	~에 대해 걱정하다 (*cf.* worry 걱정하다)	
☐ **roller coaster**	몡 롤러코스터	

18 | should의 의미와 쓰임

☐ **take a rest**	휴식을 취하다 (*cf.* rest 휴식)
☐ **doghouse**	몡 개집
☐ **member**	몡 회원
☐ **take care of**	돌보다
☐ **cage**	몡 (동물의) 우리
☐ **bus stop**	버스 정류장
☐ **sunblock**	몡 자외선 차단 크림
☐ **take**	통 가지고 가다; (수업을) 듣다; 타다
☐ **hallway**	몡 복도

19 | 시간을 나타내는 전치사

□ **church**	명 교회
□ **favorite**	형 가장 좋아하는
□ **Children's Day**	어린이날
□ **begin**	동 시작하다 (= start)
□ **leaf**	명 나뭇잎 (복수형 leaves)
□ **fall**	동 떨어지다 명 가을
□ **autumn**	명 가을
□ **July**	명 7월
□ **August**	명 8월
□ **skateboarding**	스케이트보드 타기

20 | 위치를 나타내는 전치사

□ **curtain**	명 커튼
□ **dice**	명 주사위
□ **fruit**	명 과일

☐ **station**	몡 역	
☐ **lake**	몡 호수	
☐ **bridge**	몡 다리	
☐ **refrigerator**	몡 냉장고	
☐ **clothing store**	몡 옷 가게	

21 방향을 나타내는 전치사

☐ **stair**	몡 계단
☐ **start**	동 출발하다; 시작하다
☐ **street**	몡 거리, 길
☐ **dolphin**	몡 돌고래
☐ **far**	혱 (거리가) 먼 (↔ near 가까운) 뷰 멀리
☐ **roll**	동 구르다, 굴러가다
☐ **dive**	동 다이빙하다, 뛰어들다
☐ **sea**	몡 바다
☐ **playground**	몡 운동장, 놀이터
☐ **squirrel**	몡 다람쥐

22 | There is + 단수 명사 / There are + 복수 명사

□ **bowl**	몡 그릇
□ **coin**	몡 동전
□ **pocket**	몡 주머니
□ **seesaw**	몡 시소
□ **bottle**	몡 (물)병
□ **eraser**	몡 지우개
□ **stove**	몡 가스레인지
□ **pot**	몡 냄비
□ **wolf**	몡 늑대
□ **fork**	몡 포크
□ **dish**	몡 접시

23 | There is[are]의 부정문과 의문문

| □ **shampoo** | 몡 샴푸 |
| □ **blouse** | 몡 블라우스 |

☐ **closet**	명	옷장
☐ **boat**	명	보트, 배
☐ **soda**	명	소다수, 탄산음료
☐ **globe**	명	지구본
☐ **concert**	명	콘서트
☐ **fridge**	명	냉장고
☐ **kiwi**	명	키위
☐ **pencil case**	명	필통
☐ **nest**	명	둥지
☐ **drugstore**	명	약국
☐ **around**	전	~의 근처에, 주위에
☐ **dining room**	명	식당
☐ **toothbrush**	명	칫솔
☐ **mirror**	명	거울
☐ **biscuit**	명	비스킷
☐ **blackboard**	명	칠판

01 be동사와 일반동사

□ **honest**	뒝 정직한
□ **soup**	뎽 수프
□ **dentist**	뎽 치과의사 (*cf.* go to the dentist 치과에 가다)
□ **tired**	뒝 피곤한
□ **help**	뭉 돕다 (*cf.* helpful 도움이 되는)
□ **grape**	뎽 포도
□ **basket**	뎽 바구니
□ **volunteer**	뎽 자원봉사자 뭉 자원봉사하다
□ **subway**	뎽 지하철
□ **mobile phone**	뎽 핸드폰 (= cell phone)
□ **country**	뎽 나라; 시골
□ **cookie**	뎽 쿠키
□ **classmate**	뎽 반 친구
□ **parent**	뎽 (한 쪽) 부모

02 3인칭 단수 주어와 일반동사(규칙 변화)

□ **museum**	명 박물관	
□ **believe**	동 믿다	
□ **airport**	명 공항	
□ **cheetah**	명 치타	
□ **practice**	동 연습하다	
□ **knock**	동 노크하다, 두드리다	
□ **plate**	명 접시	
□ **take a nap**	낮잠자다	
□ **floor**	명 (방)바닥	
□ **Earth**	명 지구	
□ **first**	처음의, 첫 째의	
□ **bamboo**	명 대나무	
□ **kangaroo**	명 캥거루	
□ **jump**	동 뛰다	
□ **speak**	동 말하다	

□ **dance**	동 춤추다
□ **send**	동 보내다
□ **diary**	명 일기 (*cf.* keep a diary 일기를 쓰다)
□ **baseball**	명 야구

03 3인칭 단수 주어와 일반동사(불규칙 변화)

□ **stop**	동 정지하다; 그만하다
□ **carry**	동 가지고 다니다; 운반하다
□ **swim**	동 수영하다 (*cf.* swimming 수영)
□ **catch**	동 잡다
□ **mechanic**	명 수리공
□ **lesson**	명 수업
□ **dragonfly**	명 잠자리
□ **insect**	명 곤충
□ **cross**	동 건너다 (*cf.* cross the street 길을 건너다)
□ **history**	명 역사
□ **do the laundry**	빨래하다 (*cf.* laundry 빨래)

04 | 일반동사의 부정문

☐ **scary**	휑 무서운
☐ **people**	몡 사람들
☐ **hometown**	몡 고향
☐ **neighbor**	몡 이웃 사람
☐ **ride**	동 타다
☐ **meat**	몡 고기
☐ **honey**	몡 꿀
☐ **ant**	몡 개미
☐ **outside**	閏 밖에서, 밖으로
☐ **necktie**	몡 넥타이
☐ **pet store**	애완동물 가게
☐ **brush one's teeth**	양치하다
☐ **vacation**	몡 방학
☐ **mouse**	몡 쥐 (복수형 mice)

□ **wing**	몡 날개
□ **computer**	몡 컴퓨터

05 | 일반동사의 의문문

□ **spend**	동 (돈을) 쓰다; (시간을) 보내다
□ **French**	몡 프랑스어 혱 프랑스의
□ **collect**	동 모으다
□ **stamp**	몡 우표
□ **feather**	몡 깃털
□ **Spanish**	몡 스페인어 혱 스페인의
□ **rise**	동 (해 등이) 뜨다
□ **the South Pole**	남극 (*cf*. the North Pole 북극)
□ **beetle**	몡 딱정벌레
□ **Scotland**	몡 스코틀랜드
□ **firefighter**	몡 소방관
□ **save**	동 (목숨 등을) 구하다
□ **question**	몡 질문 (*cf*. ask a question 질문하다)

□ **build**	동 짓다, 건설하다
□ **magazine**	명 잡지
□ **horror movie**	공포 영화
□ **Asian**	형 아시아의 명 아시아인
□ **rice**	명 밥, 쌀
□ **bakery**	명 빵집

06 일반동사의 의문문에 대한 대답

□ **pocket money**	용돈
□ **feed**	동 먹이를 주다
□ **do the dishes**	설거지를 하다 (= wash the dishes)
□ **vegetable**	명 야채
□ **bark**	동 (개 등이) 짖다
□ **scientist**	명 과학자
□ **experiment**	명 실험
□ **blanket**	명 담요
□ **hospital**	명 병원

07 | 형용사의 역할(한정적 용법)

☐ **weather**	몡 날씨
☐ **dark**	혱 어두운 (↔ bright 밝은)
☐ **river**	몡 강
☐ **comfortable**	혱 편안한
☐ **finger**	몡 손가락
☐ **exciting**	혱 흥미로운
☐ **difficult**	혱 어려운 (↔ easy 쉬운)
☐ **shirt**	몡 셔츠
☐ **sandwich**	몡 샌드위치
☐ **actress**	몡 여배우 (*cf.* act 연기하다)
☐ **present**	몡 선물
☐ **smart**	혱 똑똑한, 영리한
☐ **tractor**	몡 경운기
☐ **fur**	몡 (동물의) 털

☐ **drink**	몡 음료(수) 통 마시다
☐ **snack**	몡 간식
☐ **gray**	혱 회색의
☐ **boring**	혱 지루한, 재미없는
☐ **lizard**	몡 도마뱀
☐ **soft**	혱 부드러운 (↔ hard 딱딱한)
☐ **sunglasses**	몡 선글라스
☐ **weak**	혱 약한 (↔ strong 강한, 힘센)
☐ **heart**	몡 심장; 마음
☐ **shark**	몡 상어
☐ **tiny**	혱 아주 작은
☐ **thin**	혱 (몸이) 마른; (두께가) 얇은

08 | 다양한 형용사

☐ **choose**	통 선택하다
☐ **calendar**	몡 달력
☐ **princess**	몡 공주 (*cf.* prince 왕자)

☐ **stand**	통 서 있다
☐ **theater**	명 극장
☐ **solve**	통 (문제 등을) 풀다, 해결하다
☐ **sour**	형 (맛이) 신
☐ **pianist**	명 피아니스트
☐ **towel**	명 수건

09 형용사의 위치

☐ **shiny**	형 반짝거리는, 빛나는
☐ **March**	명 3월
☐ **month**	명 달, 월
☐ **lucky**	형 운 좋은, 행운의 (↔ unlucky)
☐ **ground**	명 땅
☐ **pilot**	명 조종사, 비행사
☐ **watermelon**	명 수박
☐ **nephew**	명 남자 조카 (↔ niece 여자 조카)
☐ **brave**	형 용감한

□ **policeman**	명 경찰 (= police officer)
□ **right**	형 딱 맞는, 적당한; 옳은 (↔ wrong 틀린)
□ **castle**	명 성
□ **backpack**	명 배낭
□ **February**	명 2월

10 | 형용사의 서술적 용법

□ **wonderful**	형 훌륭한, 멋진
□ **popular**	형 인기 있는 (↔ unpopular)
□ **cave**	명 동굴
□ **answer**	명 대답 동 대답하다
□ **flag**	명 깃발
□ **hamburger**	명 햄버거
□ **lovely**	형 사랑스러운
□ **sweater**	명 스웨터
□ **kitten**	명 새끼 고양이
□ **soldier**	명 군인

11 | 부사의 쓰임

☐ **dress up**	차려 입다, 정장을 갖춰 입다
☐ **balloon**	몡 풍선
☐ **laugh**	동 웃다
☐ **diamond**	몡 다이아몬드
☐ **palace**	몡 궁전
☐ **blow**	동 (바람이) 불다
☐ **cheerfully**	븟 즐겁게, 명랑하게
☐ **simply**	븟 간단히
☐ **director**	몡 감독
☐ **shout**	동 소리치다
☐ **voice**	몡 목소리
☐ **safely**	븟 안전하게 (cf. safe 안전한)
☐ **makeup**	화장 (cf. put on makeup 화장을 하다)
☐ **clothes**	몡 옷 (cf. change clothes 옷을 갈아입다)

□ **put on**	~을 입다
□ **raincoat**	명 비옷
□ **idea**	명 생각
□ **give a speech**	연설하다 (*cf.* speech 연설)
□ **strange**	형 이상한
□ **report card**	성적표
□ **proud**	형 자랑스러운
□ **host**	명 주인
□ **treat**	동 대하다
□ **childhood**	명 어린 시절
□ **crocodile**	명 악어
□ **give up**	포기하다
□ **neatly**	부 깔끔하게 (*cf.* neat 깔끔한, 정돈된)
□ **refuse**	동 거절하다
□ **flap**	동 파닥거리다

| □ **swan** | 몡 백조 |
| □ **cheer** | 됭 환호하다 |

13 주의해야 할 부사

□ **cool**	혱 멋진; 시원한
□ **become**	됭 ~이 되다
□ **adult**	몡 어른, 성인
□ **necklace**	몡 목걸이
□ **woods**	몡 숲 (*cf.* wood 나무)
□ **score**	몡 점수
□ **breath**	몡 숨, 호흡 (*cf.* breathe 숨을 쉬다)
□ **forest**	몡 숲
□ **desert**	몡 사막
□ **calculate**	됭 계산하다
□ **kick**	됭 (공을) 차다
□ **leave**	됭 떠나다
□ **stone**	몡 돌, 돌멩이

□ **skip**	동 건너뛰다
□ **active**	형 활동적인
□ **eat out**	외식하다
□ **restaurant**	명 식당, 레스토랑
□ **nightmare**	명 악몽
□ **joke**	명 농담
□ **boss**	명 상사
□ **work from home**	재택근무하다
□ **waste**	동 낭비하다
□ **yummy**	형 맛있는 (= delicious)
□ **letter**	명 편지
□ **perform**	동 공연하다
□ **musician**	명 음악가 (cf. music 음악)
□ **run away**	달아나다
□ **office**	명 사무실

15 | can의 의미와 쓰임

□ **slippery**	형 미끄러운
□ **learn**	동 배우다
□ **skill**	명 기술
□ **butterfly**	명 나비
□ **parrot**	명 앵무새
□ **borrow**	동 빌리다
□ **holiday**	명 휴일 (*cf.* weekday 평일)
□ **roof**	명 지붕
□ **Japanese**	명 일본어; 일본인 형 일본의
□ **right now**	지금 당장
□ **enter**	동 들어가다, 입장하다
□ **count**	동 (수를) 세다
□ **Mars**	명 화성
□ **skin**	명 피부

☐ **travel**	⑧ 여행하다
☐ **abroad**	⑨ 해외로
☐ **astronaut**	⑲ 우주 비행사

16   may의 의미와 쓰임

☐ **park**	⑧ 주차하다 ⑲ 공원
☐ **touch**	⑧ 만지다
☐ **smoke**	⑧ 담배를 피우다
☐ **advice**	⑲ 조언
☐ **invite**	⑧ 초대하다
☐ **photographer**	⑲ 사진사

17   must, have to의 의미와 쓰임

☐ **seat belt**	안전벨트
☐ **indoors**	⑨ 실내에서
☐ **cheat**	⑧ 부정행위를 하다
☐ **make noise**	떠들다 (*cf.* noise 소음)
☐ **toothache**	치통

□ **fight with**	~와 싸우다
□ **uniform**	뗑 교복, 유니폼
□ **make money**	돈을 벌다
□ **lose weight**	살을 빼다
□ **take off**	(옷·신발 등을) 벗다 (↔ put on)
□ **salty**	뗑 짠, 소금이 든 (*cf.* salt 소금)
□ **secret**	뗑 비밀

18 should의 의미와 쓰임

□ **turn down**	(소리를) 줄이다, 낮추다
□ **protect**	뗑 보호하다
□ **wild**	뗑 야생의
□ **recycle**	뗑 재활용하다
□ **plastic**	뗑 플라스틱
□ **tease**	뗑 괴롭히다
□ **forget to**	~할 것을 잊다 (*cf.* forget 잊다)
□ **lock**	뗑 (문 등을) 잠그다

19 | 시간을 나타내는 전치사

☐ **New Year's Day**	1월 1일, 새해 첫 날
☐ **field trip**	현장 학습 (*cf.* field 들판)
☐ **June**	몡 6월
☐ **spring break**	봄방학
☐ **exam**	몡 시험
☐ **beach**	몡 해변, 바닷가
☐ **gift**	몡 선물 (= present)
☐ **Christmas Eve**	크리스마스 이브
☐ **exchange**	동 교환하다
☐ **camping**	몡 캠핑

20 | 위치를 나타내는 전치사

☐ **key**	몡 열쇠
☐ **bathroom**	몡 욕실
☐ **kitchen**	몡 부엌

□ **bookshelf**	명 책꽂이
□ **hide**	동 숨다
□ **carpet**	명 카펫
□ **elementary school**	초등학교
□ **bookstore**	명 서점

21 방향을 나타내는 전치사

□ **pond**	명 연못
□ **ship**	명 배
□ **slide**	명 미끄럼틀 동 미끄러지다
□ **push**	동 밀다
□ **amusement park**	놀이공원
□ **bug**	명 벌레
□ **crawl**	동 기어가다
□ **track**	명 경주로, 트랙
□ **wind**	명 바람
□ **west**	명 서쪽 (*cf.* east 동쪽)

There is[are] ~

22 | There is + 단수 명사 / There are + 복수 명사

☐ **drawer**	⑲ 서랍장
☐ **model**	⑲ 모델 ⑲ 모형의
☐ **basement**	⑲ 지하실
☐ **onion**	⑲ 양파
☐ **purse**	⑲ 지갑
☐ **sink**	⑲ 싱크대
☐ **goose**	⑲ 거위
☐ **bench**	⑲ 벤치, 긴 의자
☐ **owl**	⑲ 올빼미
☐ **fan**	⑲ 팬; 선풍기
☐ **garden**	⑲ 정원
☐ **full moon**	보름달
☐ **piggy bank**	돼지 저금통
☐ **police station**	경찰서

23   There is[are]의 부정문과 의문문

☐ **cheese**	몡 치즈
☐ **clock**	몡 시계
☐ **spider**	몡 거미
☐ **yard**	몡 마당
☐ **yogurt**	몡 요거트
☐ **island**	몡 섬
☐ **chicken**	몡 닭
☐ **living room**	몡 거실
☐ **tray**	몡 쟁반
☐ **taxi**	몡 택시
☐ **duck**	몡 오리
☐ **skirt**	몡 치마
☐ **rock**	몡 바위
☐ **mug**	몡 머그잔
☐ **oven**	몡 오븐